如意

如意

吉祥

廖招香

吉祥

LU-SHIH YING
史瑛
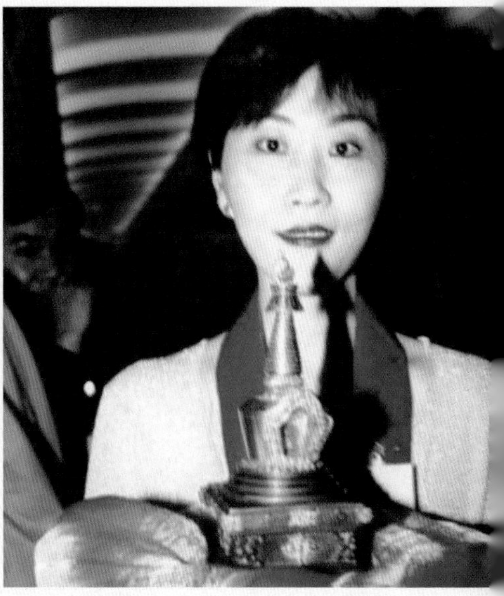

兩岸連緣養
文化節

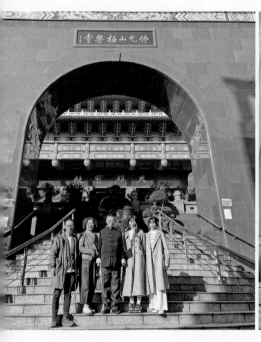

佛光山極樂寺
大雄寶殿

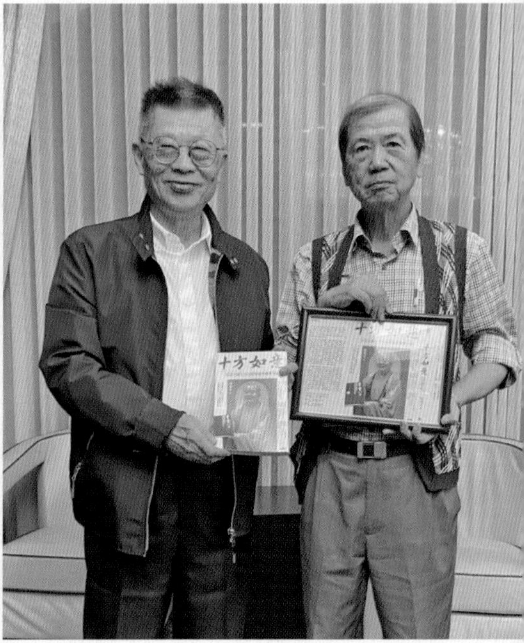
十方如意

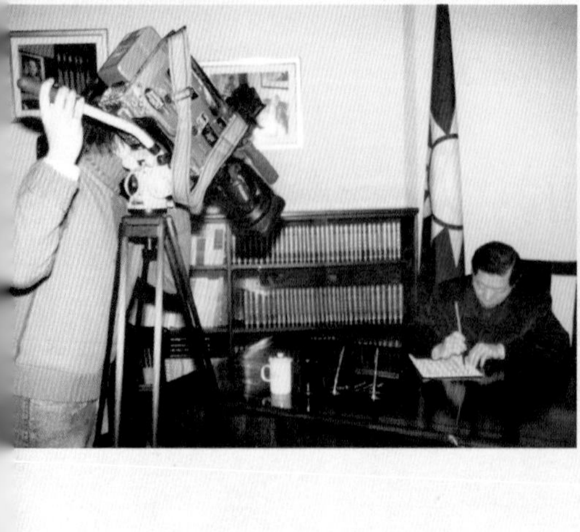

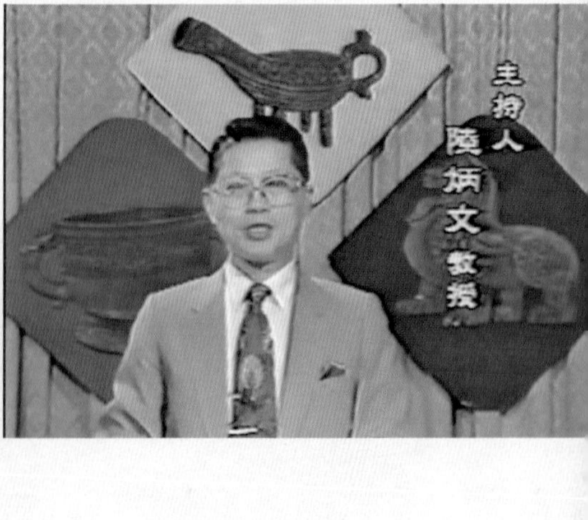
主持人
陸炳文教授

第一屆
星雲
善美新聞
星雲大師

五、內務長官：以夢幻出閣

12
自立早報
中華民國八十六年八月二十五日 星期一
內定行政院第七組組長 危機處理及溝通長才受倚重
陸炳文 蕭內閣內務長

台灣五葉松
宏觀

三立新聞網

佛光山百萬人興學紀念館

中山堂
中華民國各界表揚六十八年好人好事代表大會

水長—吳稚暉紀錄片
吳稚暉學術研究中心

'94

恭祝
Merry Chris

《溝通勝手》新書
冠文化集團

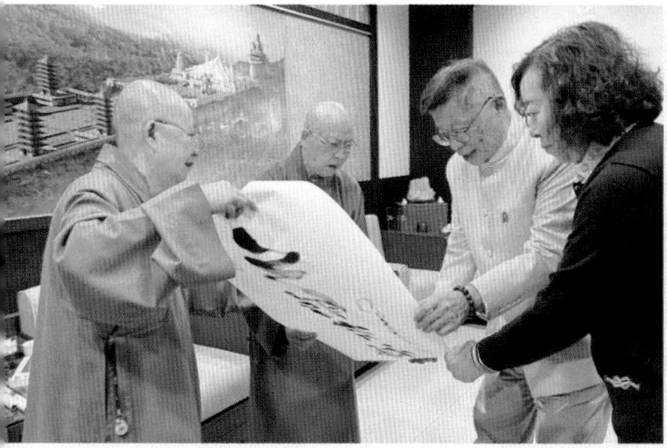

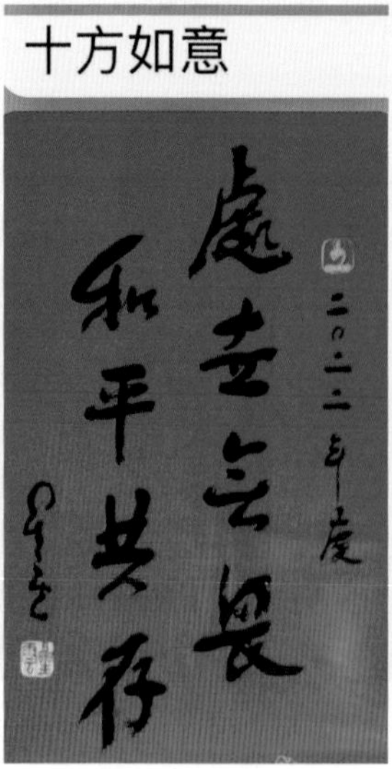
十方如意
處世無畏
和平共存
二〇二二年度

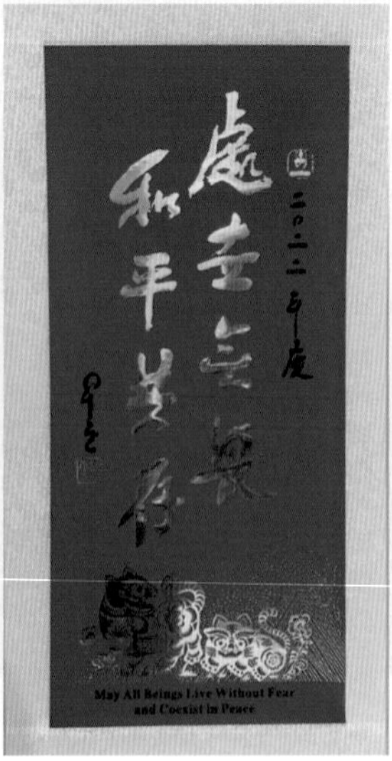
處世無畏
和平共存
二〇二二年度
May All Beings Live Without Fear
and Coexist in Peace

五和塔
喜慶之家
Home of Joy and Celebration
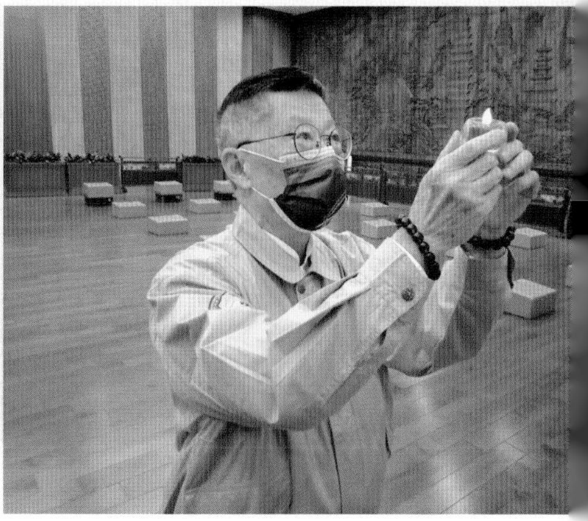

通 史
年紀念會
十方如意

十方如意

吳伯雄

星雲大師十方行誼與我卅載佛光緣

陸炳文 著

目錄

祝福的話　星雲　008
推薦的話　蕭萬長　009
推薦序　星雲大師跟大家都有緣　趙守博　011
推薦序　如意大王如意緣　趙怡　019
推薦序　好友陸炳文兄又要出新書了　趙立年　023
推薦序　佛光普照三千界，法水常流五大洲　黃書瑋　028
推薦序　佛光輝映人間　江碩平　032
推薦序　弘法利生，因緣殊勝　蘇進強　036
推薦序　看！星雲大師弘揚人間佛教如意十方　楊朝祥　042
推薦序　貂續之序　洪孟啟　046

推薦序 補個白 紀俊臣 051
推薦序 見證人間如意美好 趙政岷 055
自　序 卅年情緣未了卅天情急就章 058

輯一 處世

1／十方如意成全十方成就十方 066
2／全球道場普門大開以粥代茶 070
3／國際如意大道至簡誠哉斯言 075
4／善體人意善解鳥意談何容易 079
5／粥中有道以粥會友粥以弘道 083
6／全台最潔淨足跨多媒體巨人 087
7／西來寺蓋成全靠協調出奇功 091
8／觀音像不必遷仰仗一個想像 095

9 / 百首梵唄歌詞作者五音不全 099
10 / 百萬人百元興學有志者事成 103
11 / 佛牙舍利請回台灣建立偶像 107
12 / 佛陀紀念館佛牙舍利塔祕辛 112
13 / 法門寺地宮佛指借展結奇緣 116

輯二 無畏

14 / 自況不會寫字自創一筆字書 122
15 / 和尚打籃球被視為佛門異類 127
16 / 事母至孝奉養天年傳為佳話 132
17 / 著作等身出書旨在求善美真 137
18 / 鄉音重弘法講經反而有韻味 141
19 / 三好運動結合好人好事表揚 145

20／助浴佛日成國定假日佛誕節 149
21／佛光發源於宜蘭發祥在高雄 153
22／靠歌詠隊傳教用作文班布道 157
23／佛化婚禮第一對李奇茂軼聞 161
24／黃君璧張大千溥心畬皆大師 166
25／佛光人救災身影從不落人後 170
26／危機處理民間高手就在身邊 174

輯三 和平

27／心靈環保環境教育如影隨形 180
28／不後悔是黨員但非政治和尚 185
29／佛光童軍六十團行三好人生 190
30／訪大陸一波三折到波瀾壯闊 194

31／靈山大佛祥符禪寺因緣殊勝 198
32／兩岸四地誦讀大賽彼落此起 202
33／佛家人緣好與領導人有交情 207
34／結合佛學和書法藝術大家愛 212
35／太空人受素食練習有無吃素 216
36／中壢禪淨中心與吳家因緣深 220
37／世界神明聯誼會如同嘉年華 225
38／老二哲學回頭是岸諸事圓滿 231
39／造橋給人方便還有渡人功能 235

輯四 共存

40／有佛法就會有辦法語出驚人 242
41／樂療畫療有效成為研究課題 247

42／國際佛光會創蓮花手印品牌　252
43／敲響世界警鐘敲醒世人懵懂　258
44／無我茶會有你粥會近悅遠來　263
45／兩岸合寫金身合璧佛光普照　269
46／封媽祖婆稱觀世音是人非神　275
47／有情有義道義之交廣結善緣　280
48／弘法利生因緣願力不可思議　286
49／佛光山種大樹成全地球隊長　291
50／一日不作一日不食無非是禪　296
51／本山上元燈普照三千界佛光　302
52／佛光山和人間佛教連貫一生　307
自跋　奇蹟重現　奇妙信物　奇異恩典　奇特經驗　310

祝福的話

——星雲

推薦的話——蕭萬長

《十方如意》這本新書，是我的好友陸炳文先生為慶祝星雲大師九五大壽所著，基於下述理由，本人樂予推薦：

第一，書中主人翁星雲大師一生的行誼，受人敬重仰慕，而我何其有幸親炙大師的風采，在一次迎請佛陀舍利安座的因緣，認識了星雲，他先來行政院看我，我也去台北道場拜會；後來也有機會得以親近大師，例如邀他參與博鰲論壇等。

第二，本書著者炳文兄，是我之前在行政院、經濟部的老同事，不但交遊廣闊好相處，文筆流暢，筆下星雲大師生平事略，的確很有必要讓更多人知道，作為今後共同學習的榜樣和典範。

佛弟子  謹識

（本文作者蕭萬長先生，前副總統、前行政院長）

推薦序

星雲大師跟大家都有緣

——趙守博

星雲法師是廣受國內外尊崇、知名的宗教家、教育家和慈善家。

他開創了台灣佛教四大名山之一的佛光山，領導成立世界佛光總會，創辦佛光大學、南華大學、西來大學、南天大學、佛光山叢林學院、和普門中學等學府，並設立高雄佛陀紀念館，和開辦了佛光山人間衛視，在弘揚佛法、辦理教育、及推動慈善事業等方面，都有非常卓越而突出的績效和成就。

他推廣以人為本的人間佛教，把佛教帶到人們的生活之中，使佛教信仰和一般人的日常生活相結合；並倡導三好運動，鼓勵大家「做好事，說好話，存好心」，使他成為台灣社會良善力量的象徵，實為廣大信眾心目中的心靈導師。他和他領導的佛光山以及他弘揚的佛法，都已經成為我們台灣維繫社會安定、促進族群融合、強化倫理道德及發揚中華文化的重要的支柱之一。

星雲法師是一位出家但積極入世，很令人敬佩、令人景仰的宗教大師。對這樣一位大師，尤其是他如何開辦、和推動前述那些了不起的宗教、教育與慈善事業，暨他的奮鬥歷程，相信廣大的佛教信眾、及一般各界人士，都會抱著期待和景仰的心情，希望能多多去認識、瞭解和學習。

我的老友和老同事陸炳文先生，以他追隨星雲法師超過三十年的經驗，及與星雲法師對他亦師亦友亦父的不平凡關係，為了祝賀星雲大師九秩晉五的華誕、以及在台駐錫從事弘法傳教七十年的雙慶，特別撰寫一本名為《十方如意》的大著，談的是他三十多年來，與星雲大師互動的點點滴滴。

這本書是炳文兄在海內外，追隨星雲大師弘法的感受，和他以志工身分，參與佛光山各種慈善宗教活動的心得，再結合他平時觀察星雲大師，推動人間佛教的執著認真、及佛光山開辦與成長的艱辛歷程的體會，暨他平日深受星雲大師言行薰陶的領悟。內容極為生動豐富，具有很高的可讀性與史料性。

提到星雲大師，我很自然地想起個人與他，一些源自於工作的特殊因緣。民國七十六年（一九八七）秋，政府正式開放對大陸探親。當時我擔任中國國民黨中央社會工作會主任。不久，星雲法師因具國民黨中央黨務顧問身分，特地詢問黨中央，他是否可以回大陸？探望他高齡的母親並宣揚佛法。

國民黨中央黨部，以星雲法師是知名的佛教領導人，身分特殊，動見觀瞻，且當時兩岸關係還是非常敏感，為慎重起見，特召開一次高層的專案會議討論。會中有人認為，星雲法師身分特別，不宜返鄉探親，以免受到大陸統戰利用，所以應透過黨政協調，勸請星雲暫緩大陸之行。

我則認為，他身為受尊敬的佛教高僧，又是為返鄉探視老母，如他能成行回大陸，一方面可以成全他的孝心，得以向大陸展現，我們非常重視孝道與倫理關係，另一方面，又可向大陸傳達台灣的宗教信仰自由，反而是我們可以藉此對大陸中共做一個很正向、很有效的宣傳。

結果我的意見，為主持會議的李煥祕書長所採納，星雲也就依法申請，辦理返鄉探母的大陸之行。後來星雲大師輾轉知道，是我大力支持他的返鄉之旅，因此曾多次當面對我表達謝意。其實，政府既已開放回大陸探親，星雲法師自無例外，只要依規定申請，相信應可如願獲准。但因他兼具中央黨務顧問身分，故而特先徵詢黨中央的意見。

可見他非常尊重體制，並很能拿捏為人處世應有的分寸與分際。他的此一高度圓融修養的做法、以及他的孝心，使我留下極為深刻的印象。他的首次返大陸探親，於一九八九年三月成行；他率領一個由五百多位僧俗人士，組成的弘法探親團至中國大陸，歷時一個多月。

在大陸期間，除了返鄉探視老母之外，他也參觀拜訪了佛教寺院，並在有關場合講經論道，讓大陸人民親身體會台灣的宗教信仰自由。他還被安排會見了當時中國大陸的全國政協主席李先念，以及國家主席楊尚昆。

根據媒體的報導，在會見李先念時，星雲大師大力為宗教信仰自由請命，要求李先念及中共當局：（一）尊重人民信教的自由；（二）對宗教的政策要更開放、更落實；（三）讓佛教傳教的空間更寬大；（四）讓園林、文物、旅遊等單位離開寺院，還給佛教管理寺院的主權，讓寺院回歸清淨、莊嚴、肅穆的氣氛。

在會見楊尚昆時，星雲也建議中共，不要執著於文字障、所知障，計較台灣的省分，應該「依義不依語」，讓台灣以「中華台北」的名義參加大陸行將主辦的亞運（應係指一九九〇年九至十月於北京辦理的第十一屆亞運）。星雲大師並以「無緣大慈，同體天悲」的宗教關懷，呼籲中共不要以武力對付台灣。

他進而積極為兩岸的和平、全台灣人民的福祉，以及民主自由的生活方式，發聲和爭取。可見，星雲大師的首次大陸之行，非但沒有被中共利用搞統戰，反而為宗教的信仰自由、及佛教在大陸的發展，暨兩岸不應以兵戎相見，做了很好、又很正向的宣傳與鼓吹。可說是非常之成功、非常之有收穫。

一九八八年（民國七十七年）二月農曆元宵，我應星雲大師之邀，和家人到佛光山參觀並住了一晚，親自見識到廣大信眾對星雲大師的崇敬表現，也使我體會到星雲大師弘法的巨大感召力量，以及他對一般信眾的親切隨和。

同（一九八八）年冬，我應美國國務院之邀，赴美考察訪問，於十一月返台途經洛杉磯時，特前往西來寺拜訪參觀。星雲法師適巧也在美，他非常親切地親自接待我，並陪我參觀西來寺，使我對他創辦的西來寺，在美弘揚佛法的魄力、決心和實際作為，深為感動佩服。

不久，我改任行政院勞工委員會（勞動部前身）主委，其間我為了使廣大的勞工朋友，對人生與工作有正確正向的態度和觀點，特邀請幾位宗教大師，為他們談宗教與人生的道理，星雲大師也是我們邀請的大師之一，非常感謝他的協助幫忙。

一九九九年九月，台灣中部九二一大地震，我適任台灣省政府主席，星雲大師曾親到中興新村，瞭解災情並率佛光山大力參與救災及慰問災民。

星雲大師對童軍運動也非常熱心、非常支持。佛光山設有遍布全世界的佛光童軍團；我於中華民國童軍總會理事長任內，曾多次參加佛光童軍的活動，也在巴西等地參觀過海外的佛光童軍。佛光山曾於二〇〇六年五月，主辦過第二屆世界童軍宗教研討會。

二〇一三年六月，亞太地區童軍會又假高雄佛光山，辦理亞太童軍環境保護教育教研討會，我以亞太童軍會主席的身分親自主持；星雲大師當時行動有所不便，特坐輪椅以貴賓、和佛光山主人的身分前來致辭，對來自亞太地區十六個國家，和地區的童軍領袖代表，闡述佛教與童軍的關係，他的「佛陀也是童軍」的一番論述，頗使與會人員大為感動與佩服。

上述這些與星雲大師的互動，使我得以從很多不同的角度去觀察和認識星雲大師，深深覺得他對人類、世界和台灣與青少年的福祉極為關懷，也體會出他對中華文化的熱愛、堅持及要加以發揚光大的決心與努力。今逢《十方如意》出書，我樂於提出我個人與星雲大師的因緣，希望能為炳文兄的大作，做一些註腳和補充。

陸炳文先生長期服務於公職，表現優異，頗受讚許。於退休之後，更致力於領導各種不同的社團，並專注於中華文化的發揚及社會公益的推動，表現得有聲有色。他完成這本有關星雲大師的大著之後，知道我與星雲大師曾有一些機緣互動，要我為這本書做一序言，我欣然接受。

炳文兄要我寫序時曾對我說：「我們和星雲大師都有緣。」這是事實。不過，我以為星雲大師數十年來，一直努力不懈地推動人間佛教，不但到處講經弘法，也持續著書立說，並透過現場演說、廣播電視，深入基層民間，弘揚佛法闡述人生哲理，且運用春節的春聯吉祥賀詞，與大家結緣，已深深地為一般庶民百姓所認同、接受。

星雲大師在台灣，已是一位家喻戶曉的知名人士、佛教高僧及意見領袖。台灣廣大的民眾，或都曾耳聞過他的大名，或曾閱讀過他寫的著作，或曾聆聽過他的講道，或曾上過他辦的學校，或曾走訪過佛光山，又或曾參觀過他創立的佛陀紀念館，沒有和他建立某一種因緣者可說非常之少。

所以我們應該說：「星雲法師和大家都有緣。」我就以此，來作為我替炳文兄之大著所寫序言的標題。最後，我特在此衷心祝福，星雲大師九五華誕福壽康寧、生日快樂、天天快樂；也誠摯地恭喜，他在台灣駐錫弘法七十年的卓越成就與非凡貢獻。

（本文作者趙守博先生，現任預備軍官聯誼會榮譽會長，曾任總統府資政、台灣省政府主席、行政院政務委員、行政院祕書長、行政院勞工委員會主任委員，及中國國民黨中央組發會主委、中央社會工作會主任、中央常委等黨政要職；暨中華民國童軍總會理事長、及亞太地區童軍會主席）

2017 海峽兩岸
台灣工業品牌博覽展銷會

THE GRAND OPENING OF FO KUANG SHAN HSI LAI TEMPLE U.S.A
世界佛教徒友誼會第十六屆大會
佛光山美國西來寺落成典禮

推薦序——趙怡

如意大王如意緣

佛光山開山宗長星雲大師平生，奮鬥成功的故事、和首創人間佛教的艱苦歷程，在台灣、大陸乃至全球社區，都廣為流傳且為世人津津樂道；而報導大師與佛光山的書籍、刊物、媒體專訪每以數十種語言，在世界各地印行、出版、傳播。身為星雲大師皈依弟子，並長期參與佛光會務，個人對於恩師一生行誼、及基於慈悲本懷，所創人間佛教的宏大宗旨與成就，自當心領神會，但遽聞時報出版公司為歡慶大師九五嵩壽暨在台弘法七十週年，特邀陸炳文先生撰寫《十方如意：星雲大師十方行誼與我卅載佛光緣》一書，我實在迫不及待地想要一睹為快。

初識陸炳文兄約莫在一九八〇年代後期，當時他擔任中華工程公司副總經理，負責對外事務，與傳播媒體常相往來，乃建立起公誼私交。炳文兄為人豪邁，氣度優游，才氣縱橫，滿腹經綸，所到之處莫不廣受歡迎，被視為台北公關領域的名士。

某次晤面，獲悉他的令弟竟是我旅美時期的摯友、兼長期工作夥伴——陸炳武，心想能與陸氏「文武」昆仲，先後結為莫逆，真可謂生平快事；一九九九年秋，我承蕭萬長院長之命，進入行政院服務，赫然在大樓走道上巧遇炳文兄，原來他早已加入蕭團隊工作，且備受倚重，時任大院參事兼第七組組長；最近十餘年來，因參與兩岸文化交流活動，經常往返兩地之間，又幾度欣見身兼台灣閩台同名同宗村交流中心主任的陸炳文，活躍於中華傳統知識講壇之上；直至幾天前，接獲陸兄囑我，為其新書寫序之函件，才發現他與恩師星雲老和尚，亦相識達數十年之久！所謂「佛度有緣人」，我與陸炳文兄的多重關係，想必源自於同為佛門子弟的前世因緣！

本書作者與星雲大師，更是緣分非淺，從小時隨家人定居宜蘭，即有機緣仰慕大師，其後在佛光山興辦佛光大學、迎請佛陀舍利，覓地籌建佛陀紀念館、辦理千禧如意環球特展等重要志業中，都有炳文居士熱心奔走、協力推動的身影，其他如應邀於叢林書院，與信徒大學授課、為人間福報撰文、參與人間衛視錄製節目，炳文兄莫不欣然就道，且全神投入。照他的說法，僧俗二人狀似忘年之交，實則情逾父子。

眾所周知，陸先生對「如意」情有獨鍾，深諳箇中三昧，素有「如意大王」之美稱，卻從未聽說他與大師間也有一段「如意緣」。他在書中提到，早年曾拜讀大師嘉言：「如得人意，卻不得我意；如得我意，卻不得人意；要得人如我意，除非我如人意；人人所得如意，大家萬事如意。」應即有所感悟；迨至一九九七年九月，欣逢星雲大師七十華誕，陸兄以政府代表身分前往祝壽，賀禮則為個人私藏的交趾陶如意；後來，大師托人回贈墨寶，法書「十方如意」四字。一來一往之間，正暗合「十方來十方去，共成十方事；如意施如意捨，共結如意緣」的佛家至理。

一九九一年二月一日，星雲大師創立國際佛光會中華總會之時，曾鄭重宣示：「佛教要從僧眾到信眾，從寺院到社會；要能深入群眾、深入家庭、深入人心；讓佛法的慈悲、戒律、般若、禪定，成為洗滌人心，提振社會倫理的精神力量。」二〇二一年開春，中華總會成軍三十年，大師再以「奮起飛揚」一文勗勉全體佛光人：「一要立志進取，二要發心立願，三要積極向上，四要樂觀開朗；有了這四點，讓人感到希望無窮、生命無限，就可以無事不辦、無事不成。」遙想大師當年以孑然一身，渡海來台，從掛單修行起步，一路上開山、建寺、築館、興學、辦展，同時倡導佛教改革，推動媒體淨化，投身社會福利，戮力環境保育，更於雲遊四海之間，開闢海外弘法事業，終於完成「佛光普照三千界，法水長流五大洲」的平生宏願。若非胸懷奮起飛揚之志，植根於廣大群眾之中，他將何以致之！

本書作者以畢生與大師交往，所聞所見所思，做成點點滴滴的實錄，已將星雲大師生於憂患、長於頓挫、成於艱困的傳奇人生，做了最佳見證。我為陸炳文兄的精采大作問世致賀，也以佛光人身分為榮。

（本文作者趙怡先生，國際佛光會中華總會總會長、國立政治大學副校長、前行政院新聞局長）

第一屆
星雲
善美新聞貢

推薦序

好友陸炳文兄又要出新書了

趙立年

好友陸炳文兄又要出新書《十方如意》了。

這位口才便給、文筆流暢、見解獨到，曾跨足政經界、實業界、學術界以及平面、電視、電子網路媒體，所謂「另類六界」的超人摯友，陸炳文兄先前，曾發行了近百種燴炙人口的粥文、政論及叢書，暢銷於世，累計發表的文字已多逾四千五百餘萬字。

他的叢書熱銷，洛陽紙貴。他的文字，內涵啟廸人心。是一種善的循環，是一種真的追求，是一種美的呈現，在在讓社會提升，讓人人圓滿。

自稱作為一個文字工作者，已經把寫作和出版融入生活之中，成為生命動力和源泉。誠哉斯言，數十年來事實上的表現，他已踐履了自己的諾言，令人佩服。

我和炳文兄相交甚久，從我早年服務的軍聞社、青年戰士報、青年日報、華視，到後期的台灣日報、台灣新聞報、台灣新生報都有接觸。

我倆清淡如水的君子之交能延續迄今，主要在於：他的人品讓人如沐春風，他的然諾讓人產生信賴。他的熱情讓人備受鼓舞。

就是因為這些特質，炳文兄在身兼的每一個職務職位上，都能四方結緣、十方如意。

炳文兄以「如意」與星雲大師結緣二十五載，大師並在全集中為他寫過兩篇專文。我不惴內舉物議，也在浩瀚的文集中，搜尋了兩段大師的回憶珍藏——述及我父子兩代與大師結緣的部分，以資借花獻佛，見證大師暨炳文所倡言：「人人所得如意」、「大家萬事如意」的真義。

星雲大師修行弘法濟世，筆耕七十年，永不懈怠，著作等身。在宗教界無人能及，在文化界亦恐無出其右者。

在其文集《往事百語》全六輯，「心甘情願」單元中（頁二十七）曾提及：「當年隨著政府來台之初，到處人心惶惶，我請求寺院給予掛單，總是遭到拒絕，甚至食宿都沒有著落，雖然當時也曾有《今日青年雜誌》邀我當編輯，更有《戡戰日報》（筆者按：《戡建日報》之誤）聘我為記者，然而我自己細細思忖，既然身為出家人，就應該把出家人做好，怎麼可以捨本逐末？……」

他在《往事百語》（五）「永不退票」篇「不要做焦芽敗種」章節第四十九頁中也提及：「來台初期，曾為中廣公司撰寫廣播稿，並且幫《人生月刊》前後義務擔任主編達六年之久，同時又經常在《自由青年》、《戡戰（建）日報》……等多處報章雜誌投稿，弘揚佛法，承蒙大家厚愛，一度被譽為佛教文藝明星……」

大師二度親述此事，足證父親與星雲有緣，因為那時的《戡建日報》正是先父趙德修在台中創辦發行的報紙。

而在二十餘年後，大師在同篇第一〇八、一〇九頁「要有向困難挑戰的勇氣」第九章節中提及：「一九七五年『第一屆華僧大會』在台灣召開，當來自各地的華僧到達高雄火車站時，他鼓動信徒前往熱烈迎接，原本擬以歡迎方式接到高雄佛教會，遽知來了幾萬人，因事出突然，只得靈機應變『向困難挑戰』。

當大批人車走出火車站的大道時，乃自告奮勇，高喊一聲：『跟我走！』隨即拿著教旗在前面闊步領隊，只見一路上紅燈都變成綠燈，整個隊伍如入無人之地，浩浩蕩蕩地通過街衢大道，震動了整個高雄市，第二天成為《台灣新聞報》的頭版消息。在當年佛教徒備受壓抑的時代，這次揚眉吐氣的成果，發生了極大的鼓舞作用。」

這件事說來，莫非巧合？莫非機緣？堪稱「如意」。

因為星雲大師提到的《台灣新聞報》，筆者曾在一九九六年至二〇〇一年期間，擔任發行人兼社長；「父與子」相隔四十餘載，能與大師在不同的時空環境中結緣，並蒙他載入傳中，實感與有榮焉。

另外，在「因緣能成就一切」單元中（頁一五三）大師記敘當時「太平輪」沉船，數千人的死難，轟動一時，大師因時間匆促，趕不上那班輪船而避過一劫；而斯時筆者全家也因為身為長子的自己，調皮玩耍摔傷了頭部而退了船票，而全家也因而倖免於難。

就是有上述幾段趙家父、子與星雲大師的因緣和巧合，在趙家子孫的心田中、腦海裡，一直有種無形的力量流轉不停，對大師有種孺慕而割捨不了的情感。

星雲大師致力推展「人間佛教」數十年，造福了無量無邊的眾生，展現了平淡、平凡、平實的偉大情懷，令人感佩！

「佛光普照三千界・法水長流五大洲」的理想，在大師的倡導、推動、力行下，已然植根在「國際村」、「地球人」的心坎中了。

炳文兄蒐集「如意」無數，有「如意大王」雅稱，與星雲大師結緣，並追循大師普濟眾生之「佛道」，邁步暢行，誠為世間難得的佳緣懿行。

為星雲大師九五華誕，獻上崇高祝福！願普羅眾生皆有緣，有緣眾生皆如意！賀炳文兄新書，《十方如意：星雲大師十方行誼與我卅載佛光緣》，傳誦寰宇！

（本文作者趙立年先生，為台灣新生報、及台灣新聞報前發行人兼社長）

168 Media Group 第554期 2021/12/18~12/24 每週六出刊

《十方如意》好友陸炳文兄又出新書了

趙：星雲大師與新聞人結緣 述及我父親及我 與大師的往事

文：趙立年 (前台灣新生報社長)

好友陸炳文兄又要出新書《十方如意》了。

這位口才便給、文筆流暢、見解獨到，曾跨足政經界、實業界、學術界以及平面、電視、電子網路媒體，所謂「另類六界」的超人摯友，陸炳文兄先前，曾發行了近百種燴炙人口的粥文、政論及叢書，暢銷於世，累計發表的文字已多逾4500餘萬字。

他的叢書，銷行洛陽紙貴。他的文字，內涵啓迪人心。是一種善的循環，是一種真的追求，是一種美的呈現，在在讓社會提昇，讓人人圓滿。

自稱作為一個文字工作者，已經把寫作和出版，融入生活之中，成為生命動力和源泉。誠哉斯言，數十年來事實上的表現，他已踐履了自己的諾言，令人佩服。

我在7大媒體 見他十方如意

我和炳文兄相交甚久，從我早年服務的軍聞社、青年戰士報、青年日報、華視，到後期的台灣日報、台灣新聞報、台灣新生報都有接觸。

我倆清淡如水的君子之交，能延續迄今，主要在於：他的人品讓人如沐春風，他的然諾讓人產生信賴。他的熱情讓人備受鼓舞。」

就是因為這些特質，炳文兄在身兼的每一個職務職位上，都能四方結緣、十方如意。

大師回憶 與我父子兩代結緣

炳文兄以「如意」與星雲大師結緣24載，大師並在全集中為他寫過兩篇專文。我不惴內學物議，也在浩翰的文集中，搜尋了兩段大師的回憶珍藏~述及我父子兩代與大師結緣的部份，以資借花獻佛，見證大師暨炳文所倡言：「人人所得如意」，「大家萬事如意」的真義。

大師回憶1：新聞人與出家人

星雲大師修行弘法濟世，筆耕一甲子，永不懈怠，著作等身。在宗教界無人能及，在文化界亦恐無出其右者。

在其文集「往事百語」全六輯，「心甘情願」單元中(P27)曾提及…「當年隨著政府來台之初，到處人心惶惶，我請求寺院給予掛單，總是遭到拒絕，甚至食宿都沒有著落，雖然當時也曾有《今日青年雜誌》邀我當編輯，更有《戡戰日報》(筆者按：《戡建日報》之誤)聘我為記者，然而我自己細細思忖，既然身為出家人，就應該把出家人做好，怎麼可以捨本逐末?………」

他在往事百語(五)「永不退票」篇「不要做焦芽敗種」章節第49頁中也提及：「來台初期，曾為中廣公司撰寫廣播稿，並且幫《人生月刊》前後義務擔任主編達六年之久，同時又經常在《自由青年》《戡戰(建)日報》……等多處報章雜誌投稿，弘揚佛法，承蒙大家厚愛，一度被譽為佛教文藝明星……」

《戡建日報》我父與大師有緣

大師二度親述此事，足證父親與星雲有緣，因為那時的《戡建日報》正是先父趙德修創辦的，在台中發行的報紙。

而在20餘年後，大師在同篇第108、109頁「要有向困難挑戰的勇氣」9章節中提及：「1975年『第一屆華僧大會』在台灣召開，當來自各地的華僧到達高雄火車站時，他鼓動信徒前往熱烈迎接，原本擬以歡迎方式接到高雄佛教會，遽知來了幾萬人，因事出突然，只得當機應變『向困難挑戰』。

《台灣新聞報》我與大師有緣

當大批人車走出火車站的大道時，乃自告奮勇，高喊一聲：『跟我走!』隨即拿著教旗在前面潤步領隊，只見一路上紅燈都變成綠燈，整個隊伍如入無人之地，浩浩蕩蕩地通過街衢大道，轟動了整個高雄市，第二天成為《台灣新聞報》的頭版消息。在當年佛教徒備受壓抑的時代，這次揚眉吐氣的成果，發生了極大的鼓舞作用。」

這件事說來，莫非巧合？莫非機緣？堪稱「如意」。

因為星雲大師提到的《台灣新聞報》，筆者曾在1996年~2001年期間，擔任發行人兼社長；「父與子」相隔40餘載，能與大師在不同的時空環境中結緣，並蒙他載入傳中，實感與有榮焉。

大師回憶2：太平輪沉船倖免

另外，在「因緣能成就一切」單元中(P153)大師記敘當時「太平輪」沉船，數千人的死難，轟動一時，大師因時間匆促，趕不上那班輪船而倖免一劫…。

而斯時筆者全家也因為身為長子的自己，調皮玩耍摔傷了頭部而退了船票，而全家也因而倖免於難。

就是有上述幾段趙家、父、子與星雲大師的因緣和巧合，在 趙家子孫的心田中、腦海裡，一直有種無形的力量流轉不停，對大師有種孺慕而割捨不了的情感。

星雲大師九五華誕 祝福十方如意

星雲大師致力推展「人間佛教」數十年，造福了無量無邊的衆生，展現了平淡、平凡、平實的偉大情懷，令人感佩!

「佛光普照三千界．法水長流五大洲」的理想，在大師的倡導、推動、力行下，已然植根在「國際村」、「地球人」的心坎中了。

炳文兄蒐集「如意」無數，有「如意大王」雅稱，與星雲大師結緣，並追循大師普濟眾生之、「佛道」遍步暢行，誠為世間難得的佳緣懿行。

為星雲大師九五華誕，獻上崇高祝福！願普羅衆生皆有緣，有緣衆生皆如意！賀炳文兄新書、《十方如意：星雲大師十方行誼與我廿五載佛光緣》，傳誦寰宇！

【本文作者趙立年先生，為台灣新生報、及台灣新聞報前發行人兼社長；本書《十方如意》，將由時報出版印行，預定2022年春間首發】

《十方如意》10 篇名人推薦

陸炳文著《十方如意：星雲大師十方行誼與我卅載佛光緣》即將出書

該有10篇名人推薦序，依文到先後為序，他們是前總統府資政趙守博，國際佛光會中華總會總會長趙怡，臺灣新生報前社長趙立年，世界佛教徒友誼會副會長黃書瑋，中國國民黨中常委江碩平，中華文化總會前秘書長蘇進強，教育部前部長楊朝祥，文化部前部長洪孟啟，前內政部民政司司長紀俊臣，時報出版董事長趙政岷。

陸炳文博士被譽為臺灣公關教父，本書文長10萬字，附圖300餘張，時間跨度30年，卻用25天寫成，即將由時報文化出版榮譽出品。

前副總統蕭萬長推薦說：「《十方如意》這本新書，是我的好友陸炳文先生，為慶祝星雲大師95大壽所著，基於下述理由，本人樂予推薦：第1，書中主人翁、星雲大師行誼，受人敬重仰慕，有的我身歷其境，體會如書中所言，迎回佛陀舍利安座，他先來行政院看我，我也去臺北道場拜會。」

蕭萬長說第2點：「也有的我親歷其事，例如邀他參與博鰲論壇等。此書，著者炳文兄，是我之前在行政院、經濟部的老同事，不但人面熟好相處，文筆流暢，筆下星雲大師生平事略，的確很有必要讓更多人知道，作為共同學習的榜樣和典範」。

推薦序

佛光普照三千界，法水常流五大洲

黃書瑋

相識近四十年的好友陸炳文兄為即將出版的《十方如意》囑余為之序，以其內容大部分憶述炳文兄與星雲大師認識近卅載的關係，對於星雲大師的言行、著作及宗教上的成就，以深入淺出的筆法，如數家珍地娓娓道出，堪為現代文學增添了無數新的靈感與創意，是以書瑋不惴才疏學淺，竭盡所知，徹夜奮筆疾書，期能不負所託，為此書增添更多的肯定。

回憶與炳文兄初識是在一九八二年台灣舉辦第五屆世界女壘錦標賽時，書瑋擔任執行長規劃籌備工作，當時承擔禮賓組的炳文兄，除了對國際壘總來的貴賓，安排得非常妥善之外，讓選手安心比賽，嘉賓們行程豐碩，直至錦標賽圓滿落幕，感謝炳文兄的多方協助。嗣後在各自崗位上繼續發展，常有耳聞炳文兄在姓氏學、易經、詩詞、書法等都有顯著的成就，堪稱為當今社會難得具有多才多藝的才子。

而書瑋也是在三十多年前，赴泰國參加泰皇普美蓬六十大壽祝賀團的因緣，認識了星雲大師，後來也有許多機會得以親近，更多次參與大師在國父紀念館的佛學講座、梵唄表演，並且承大師邀請參與恭迎佛牙舍利、佛指舍利來台、及佛誕慶典等重要的佛教活動。

對於星雲大師為振興佛教，帶給世人正確的信仰，雖遇艱難險阻，但是都能聞謗不辯，忍辱負重，積極致力推廣文化、教育、慈善等事業，先後在世界各地創設的寺院道場達三百所以上、佛教學院設立十六所，並先後創辦普門中學、南華大學、佛光大學、均一實驗高級中學、均頭國民中小學、美國西來大學、澳洲南天大學、菲律賓光明大學推廣社會教育，及創辦《人間福報》、人間衛視。對於社會、國家的貢獻，實在難以計數。

星雲大師一生奉行「以退為進，以眾為我，以無為有，以空為樂」的人生觀，於一九六七年創建佛光山之初，就樹立了以弘揚「人間佛教」為宗風，「以文化弘揚佛法，以教育培養人才，以慈善福利社會，以共修淨化人心」為宗旨，致力推動佛教教育、文化、慈善、弘法事業，融古匯今，著手擬訂規章制度，為佛教的現代化建立起新的里程碑。

而星雲大師的願力：「心懷度眾慈悲願，身似法海不繫舟，問我一生何所求，平安幸福照五洲。」由此可見，星雲大師心量寬廣、願力博大，尤其是將「存好心、說好話、做好事」的三好與「給人方便、給人信心、給人希望、給人歡喜」這四給，推廣到各級學校，乃至世界各地，對於人心的淨化、社會的和諧，其影響力更是無遠弗屆。

這本《十方如意》在炳文兄精密策劃下，以五十多個單元，對於星雲大師在佛教發展的點點滴滴，對於社會國家的貢獻，無論是在立功、立德、立言等三不朽方面，值得為眾人表率的種種表現，都記述得非常詳盡，鉅細靡遺。本書的出版，堪稱是近代以來非常珍貴的一部傳記文學。

（本文作者黃書瑋先生，曾任立法委員、世界佛教徒友誼會副會長、台北法華寺董事長、台北艋舺龍山寺董事長、中華人間佛教聯合總會主席、國際佛光會中華總會理事）

民81年3月4日第一屆金佛獎

推薦序

佛光輝映人間

江碩平

疫情中斷交流，久別重逢，炳文兄告知，他又有新書《十方如意》出版，並囑咐我要寫篇序文，深感榮幸。

我因觀音菩薩的引度，而與佛光山星雲大師結緣；又因我促成已為佛光人五年後的炳文兄，再引薦成功，皈依星雲大師廿五載，前後併同，如今他有卅年佛光緣，出書弘法，多方協辦佛會盛事，功德殊勝。

話說一九九二年，台北市政府要闢建大安森林公園，園中獨留一座在一九八五年由楊英風大師塑造的持珠觀音巨大石雕像，而引來鄰近的基督教靈糧堂等基督教徒的抗爭，要求遷移，並有不理性的非佛教徒潑灑穢物和硫酸。此舉引發出資供奉設立神像的大雄精舍法師和信徒們大表不滿，號召各方信眾靜坐在雕像四周抗議和維護，情勢漸趨激烈。

當時我擔任台北市議員，星雲大師囑示要我盡一己之力，協助平息紛爭。我立即協調各方，終於促成星雲大師、周聯華牧師等領袖人物，至當時黃大洲市長官邸，開誠布公會商，最後達成協議：觀音塑像不搬遷，並當成藝術文物，加強保護。紛爭順利落幕，大師對我讚美有加，締結了師徒一世佛緣；而有「台灣公關教父」之令譽的炳文兄，當時也參與前置作業，負責部分溝通協調工作而相識。

後來，炳文兄在蕭萬長先生擔任閣揆時，擔任行政院參事兼第七組組長，我當時是行政院顧問，兩人密集交往，因而相知加深，更緣起他跟大師的深度法緣造就下，成了弘法的護法金剛。

我們敬受星雲大師數十年的言教和身教，使身為徒弟的我真的「心無罣礙，無有恐怖，遠離顛倒夢想，度一切苦厄」。大師所倡導的「人間佛教」星雲模式，（使）我能順利瞭解佛法，蒙受佛恩的最主要關鍵。「模式」就是決定運作成敗的一套方法、一個過程、一種組織、一種判斷。

「星雲模式」的特色在於：一、說法的語言不同。二、弘化的方式不同。三、為教的願心不同。四、證悟的目標不同。大師詮釋佛法的語言很人性化，他的佛法沒有教條、沒有形而上的談玄說妙，也不標榜神通靈異，他只是很實際、很親切的從人的立場出發，讓人從他的開示中，受到啟示和受用。

大師說法善於舉喻說譬，他常利用故事、公案，藉以詮釋深奧的道理，令人心開意解，而對佛教生起信心。大師說法機智幽默，常能信手拈來，一句話就能回答一個難解的問題。大師言行一致，言而有信，所開示的佛法都是自己躬親實踐過，所以說來令人信服。

曾出版多部大師著述的「天下文化」高希鈞教授讚譽大師是：一位果斷的、身體力行的宗教改革家。一位慈悲的、普及佛理的創意大師。一位博愛的、提倡知識的教育家。

拜讀炳文兄《十方如意》新書，對大師躬親主持的多項佛教盛事，描述精要絕倫，以史事印證大師的慈悲、願力、睿智、包容和親切。

大師期望「兩岸一家親」，進展為「兩岸一家人」，著力至深。他前後和大陸四位領導人都有見面情。

二〇一四年二月十八日在釣魚台賓館，習近平主席向大師當面表示：「您送我的《百年佛緣》全套書我都看完了。」真心期望習主席能由書中獲得開釋，以慈悲心和智慧化解兩岸危機，讓人民長享和平紅利。

法門寺佛指舍利來台，和河北幽居寺古佛佛身來台，與佛首合一兩件大事，更為全球宗教界、文物界人士讚頌不已。

《十方如意》出書，主要是慶賀二〇二二來春，星雲大師九秩晉五華誕、暨駐錫台灣弘法七十載雙慶，有幸寫序，共同禮敬尊師，至為感恩與榮耀！是為序。

（本文作者江碩平先生，中國國民黨中常委、行政院前顧問、台北市前市議員）

推薦序——蘇進強

弘法利生，因緣殊勝

用「有情有義，廣交四方」並不足以形容陸炳文教授，更重要的是，他有一顆慈悲的心，慈悲沒有敵人，如煦陽般的笑容，總是如星雲大師所言「給人信心，給人歡喜，給人希望，給人方便」，作為佛弟子，炳文兄堪稱身體力行「人間佛教」的典範。

猶記得一九九四年一月八日，作家柏楊邀請國內文化界、企業界、教育界等人士，成立「人權教育基金會」，由柏老任董事長，陽明大學周碧瑟教授為執行長，前後任董事會成員包括王榮文、周俊吉、楊啟航、黃日燦、張鴻仁、吳祥輝、盧世祥、洪清慶、許素朱、卜大中、曾志朗、蘇進強等人。基金會的首要任務即在籌建「綠島垂淚碑」，柏老並公開宣示將在碑上刻入所有在二二八事件、白色恐怖受難者的姓名，同時呼籲社會、朝野各界重視人權。當時，「人權」在台灣仍處於萌芽階段，有別於官方及特定政治團體，要求以賠償、道歉等方式平反政治冤案，柏楊「綠島垂淚碑」則重在文化、教育，而非掀起新的仇恨或報復的激情，他希望垂淚碑附近能成為以人權為主題的景觀公園，並呼籲情治單位從國家「必要之惡」轉型為保護人權、不再充當供政黨或統治者打擊異己工具的「必要之善」，朝野各界更要記取歷史教訓，建立程序正義的社會與體制，不可再藉口目的「正當」，而包裝非法的手段，從而確立合法、人道的基本人權原則。為了「垂淚碑」的籌建，柏老一方面著書立說，一方面四處演講，苦口婆心的要朝野政黨與社會大眾「歷史可以原諒，但不可以遺忘」，他的名言也傳誦媒體與社會各界：「政府犯過的罪惡錯誤可以理解原諒，但不可以忘記；一旦忘記，暴政必定回來。」

由於基金會的董事多數為文化、教育界人士，企業界人士屈指可數，雖奔走數年，至一九九七年募款所得尚不足以支應垂淚碑半數之需，令人感動的是，建築大師也是藝術家的漢寶德教授也以義工方式負責規劃設計，就在柏老與基金會成員幾乎坐困愁城的窘境下，因緣俱足，在蕭內閣擔任行政院七組組長的陸炳文，將「垂淚碑」的構想與募款困境，向蕭萬長院長報告。而心儀柏老許久，也是柏老雜文、白話《資治通鑑》讀者的蕭院長，立即約見柏老和董事會成員，並建議柏老將較悲情的「垂淚碑」，改名為較中性正向的「綠島人權紀念碑」，蕭院長亦當場允諾，除「綠島人權紀念碑」由基金會籌建完成後，捐贈「東管處」，交相關政府部門編列常年維護預算外，同時配合原有的「綠洲山莊」周邊，規劃成「人權紀念園區」，因事涉內政、法務、農政等部門，需由跨部會組成專案小組才能成事，柏老也欣然接受蕭院長的建議，院長立即交辦炳文兄負責協調相關部會，具體展開各項準備與協助。後來，「人權紀念碑」的籌建，也得到當時的李登輝總統捐贈《台灣的主張》一書的版稅新台幣一千萬元的挹注，終於在一九九八年十二月十日，由蕭院長親自到綠島主持破土動工典禮，一年後，再由即將卸任的李登輝總統與柏老共同揭幕啟用。

我之所以分享「綠島人權紀念碑」的籌建始末，即在表彰陸炳文兄的佛心，多年來為善不欲人知，其中值得大書特書的事功之一，這件事固然不是他一人之力所能為，但他卻發揮了佛教徒善知識的「槓桿」功能，將一件對台灣人權具有里程碑影響力的指標，用慈悲心「給人信心、給人歡喜、給人希望、給人方便」具體而微，付諸行動並圓滿完成，這樣的用心，和他書寫的星雲大師《十方如意》，可說是相得益彰。

人權紀念碑的籌建，也促成我與炳文兄的堅實友誼，在此之前，我只知他是國內少數卓越的危機處理大師、公關高手，我在南華大學任教時，他的著作即是我經常引用的教材。由相識至相交，他也由公部門轉移至NPO，最知名的就是旨趣為「以文會友、文以載道，以粥會友、粥以弘道」的「中華粥會」，凡國內重要的文化藝術活動，都可以看到他充滿活力、行動力的身影，更令我讚嘆的是，他與我竟然都是星雲大師的信徒，奉行「人間佛教」的追隨者、實踐者，以此而言，炳文兄亦是我的同門師兄呢！

炳文兄與人為善，與四方結緣，因而能十方如意、成全十方、成就十方，而他自承與星雲大師超過三十年亦師亦父亦友的交誼，公私皆如意，透過五十二篇章的敘述，如數家珍，娓娓道來，令人如春風拂面，禪意、法語字字珠璣，而全書所述，不只讓佛弟子的讀者，重溫當年千萬信眾恭迎佛牙舍利子的殊勝情景，也可從字裡行間知悉，這件迎接佛牙舍利子的佛文化盛舉背後的巨大工程，從兩岸溝通、各方協調，至盱衡實況、路線規劃、保全維護，莫不煞費苦心，而在其中穿針引線，捭闔縱橫，以至因緣俱足，順利迎迓的過程，炳文兄的角色功能，尤令人感佩！

明年是星雲大師九五嵩壽，也是大師駐錫台灣弘法七十年的雙慶，透過炳文兄在本書的鋪陳，他與大師殊勝的因緣非常人能有，這樣的福報其實源自於他本身的人格特質，與星雲大師平易近人的風範相契合由以致之。眾所周知，星雲大師倡導「人間佛教」，不僅讓佛光山法師由高高在上的神佛殿堂走入人間，佛法、佛理也因而深入淺出，深入信眾的心靈深處與生活中。印象最深的是，二〇〇〇年政黨輪替後，大師欣然受聘為中華文化復興運動總會「宗教委員會」主任委員，不僅號召各不同的宗教團體，一起舉辦「宗教界祈福音樂會」，更以「有容乃大」的器度，協助各宗教派解決許多問題，他和與天主教樞機主教單國璽的相知相惜，更蔚為美談。

另方面，大師尤其關注教育、文學、新聞、體育、音樂、民俗文化活動等領域，並運用佛光山及他「一筆字」義賣所得，成立「公益信託星雲大師教育基金會」，舉辦包括長、短篇歷史小說、報導文學、散文、詩歌等類的「全球華文文學星雲獎」，不僅成為文學界的盛事，也為奄奄一息的文學界注入永續發展的活水，此外尚有真善美新聞獎，教育典範、教育奉獻獎等等，凡此，現代化「人間佛教」的善巧方便，有如曠野暗夜中的明燈，照亮幾乎迷向、失去典範的台灣社會，也讓人對佛法無邊，「有佛法便有辦法」的奧義，有了更清晰的體認，而大師的身影也在《十方如意》鉅著中，躍然紙上，令人由衷景仰。

炳文兄文筆流暢自不待言，筆鋒間總帶著對大師的孺慕之情，而被譽為「如意大師」的他，也鉅細靡遺的將三十年來與大師的佛光緣，情義相與的善因善果，一一列舉呈現，更具體的說，《十方如意》不僅是陸炳文與星雲大師的情義因緣般若，更是一本「人間佛教」的弘法書典，點點滴滴，如法雨布施，令人感動讚嘆，值得讀者收藏閱讀。

於今，炳文兄所述《十方如意》順利出版，個人忝為星雲大師的佛弟子，也是炳文兄的同門好友，願向各方慎重推薦這本如長夜明燈般的好書。

（本文作者蘇進強，國內知名作家，筆名履彊，著有小說集《老楊和他的女人》、《共和國之夢》及台海安全研究學術論文等三十餘種。曾任中華文化復興運動總會祕書長、總統府國安會諮詢委員、台灣時報暨台灣新聞報社長兼總主筆、南華大學和平與戰略研究中心主任暨非營利研究所兼任教授等職務）

大會

推薦序

看！星雲大師弘揚人間佛教如意十方

楊朝祥

頃接炳文兄信函，信中提及為《十方如意：星雲大師十方行誼與我卅載佛光緣》書稿作序，深感驚喜，喜的是這位公關危機處理專家、我的學長要出書了，但更驚訝的是，打算一個月內完成書稿，竟然二十五天就寫好了，在一般人來看，簡直是一項不可能的任務。不過，炳文兄果然名副其實，不但處變不驚，且行雲流水，下筆如神。五十餘篇祝賀星雲大師九秩晉五華誕、弘法七十週年之珠璣妙文構築於《十方如意》之中，以星雲大師精神標舉著新理念，相信將成為後疫情時代處世之新密碼。

炳文兄以恢宏器識揭櫫了星雲大師《十方如意》之弘法信念，大師「以空為有」、「以苦為樂」，包括粥中有道、興辦媒體、百萬人捐資興學等，念茲在茲均在結緣十方信眾，盼世間如意、國際和諧，成就十方信眾。大師為眾生劬勞，孳孳為善，推動「三好」：說好話、做好事、存好心，「四給」：給人信心、給人歡喜、給人希望、給人方便，在炳文兄筆下的小故事一一表露無遺。本書的問世，即是實踐「三好四給」的最具體行動。

與炳文兄之結識係在台灣師範大學工業教育系，是高我幾級的學長，在學期間，成績優異，令人刮目相看。畢業之後，我們有幸在蕭副總統擔任行政院長期間共事，學長擔任行政院參事兼第七組組長，而朝祥則分別任職行政院研究發展考核委員會主委、教育部長，一起為台灣的政經、教育發展共同打拚。回首那些年在政府部門服務，雖然公務繁忙，但大家齊心合作，也完成不少的公共政策與教育改革應興應革之事，時光飛快、歲月如流，不知不覺已屆隨心所欲之年。

事實上，對於炳文兄印象最深刻的莫過於他在公關和危機處理領域之卓越表現。一九九一年，他曾榮獲全國首屆「傑出公關／傑出危機處理獎」，並擔任過經濟部顧問兼國會公關總聯絡人、傑出公關顧問公司董事長、中華民國公關基金會常務董事、中華危機管理協會創會理事長，公關領導與實務經驗豐富，並有相關著作出版。不論在傳統媒體當道年代，或新媒體蓬勃發展之今日，公關專業對於公私立組織或機構均屬重要，出身技職教育、工業關係，卻於公關領域大放異彩的他，誠為難得之才。

這回炳文兄出版《十方如意》乙書，不同於以往培養職場公關力之書籍，但卻具有更多之社會實踐力，以星雲大師弘法利生、推廣人間佛教為主軸，並輔以個人近身觀察之敘事與剖析，其精鍊文筆、明晰條理，顯現了星雲大師其人其事於平易中之偉大，於謙虛中展現之智慧。本書所勾勒之星雲大師圖像，又豈止是本書所述之「星雲團」畛域，亦如「粥道」以粥弘道，佛光普照三千界，帶給讀者將是更深刻的領悟與覺察。

本書將於二〇二二年一月出版，書中微言大義正與星雲大師二〇二二年法語「處世無畏．和平共存」相互輝映，如同大師期許：以勇敢無懼態度、大師智慧高度，一起面對突如其來疫情，讓我們四方結緣、十方如意，以新密碼構築人我之間的如意關係，共同促成社會祥和、人間和諧。

本書之出版不只說明炳文兄與大師亦師、亦友、亦父關係之奇妙因緣，更可貴的是，他將推展人間佛教之理念、及歷程做了最佳見證與演繹，本書將成為記錄佛教在台灣發展之一本珍貴出版品，謹祝出版順利，並為炳文兄出書感到十分欣喜、與有榮焉。

（本文作者楊朝祥先生，曾任教育部部長、行政院研究發展考核委員會主任委員、考選部部長、佛光大學校長，現任佛光山教團系統大學總校長、台灣師範大學名譽教授）

推薦序

貂續之序

洪孟啟

弗洛姆（E. Fromm）於比較宗教學談東西宗教信仰之異同，形容東方宗教如慈母，寬愛與給予；西方宗教如嚴父，教導與規範。不同的宗教文化，構成不同的文化風格與民族性格。西方崇拜英雄、謳歌強者，而我們中國同情悲劇英雄，敬重為社稷奉獻者，因此我們的神祇是由人而神，是由凡轉聖的過程，所謂「人皆可以為堯舜」；西方是由神而人，是由聖轉凡的過程，為人受難，代表上帝救度凡界。

在基督教的世界裡，上帝（天父）是一切信仰的中心，是所有生命、生活的源頭。上帝（天父）是創世主（creator），是人類一切的源頭，祂通過耶穌基督中介，完成了由聖入凡的「俗世化」（secularization）歷程，將超凡世界和塵事世界接合，並藉由教會的詮釋讓兩個世界平衡相處。基督教是一個父親的宗教，有一個天父（上帝）予人律令，督促人人為善，照顧行善者，懲罰違規者，主張任何個人皆可以直接與天父溝通，既不需要代理人，也反對偶像崇拜。為此，以明確律令和獨立個體為基礎的，以法治與民主秩序（倫理）為依恃的，集體結構與思想體系得成，因此或可謂西方文明是一個基督教自我馴化的過程。

比較上，中國人是一個內觀的民族，因此常將個人和社會渾為一體，而這一體的本源則是「天」，天是大宇宙，我是小宇宙，大小宇宙彼此平衡是每個人追求的理想境界，即是謂「天人合一」。中國人是務實的民族，理智上並不追求一個天國，追求的是在現世裡的永恆，例如立德、立功、立言，既然放眼的是現世，因此他的宗教情愫發展的是人文倫理，即便篤信鬼神的商周，「天」仍然是藉人文倫理規範人生義務，亦即是遵循自然法則。

此種內觀性與務實性發展為文化風格與民族性格者，強調個體內在的自我修養，重視協助個人進行內自省的自然人倫關係，小至家庭，大至社會乃至國家，都是此自然人倫關係的延展，其優點是以人為中心的人本精神，關注人與人之間的和諧關係，講求忠恕之道，凡事不為已甚；其弱點則是以人治而非法治，重情而疏法的親母思維，此種思維表現於民間信仰體系最明顯，每個信眾有如被寵壞的小孩，只知不斷索求，反映於國家社會的則為享權利高於盡義務。

除宗教文化之外，構成我們們整體文化精神的思維邏輯也有不同於西方者：

西方世界自柏拉圖以來，其思維邏輯是建構於「二律背反」（antinomy）的基礎上，即主張在一定的律格裡會形成一定的形式，形式必賴二元對立以達成穩定，此二元對立是對應、是對話、是平衡，其中必然有主體與客體，然而此主客體之分卻也一直困擾著西方文化，也構成其思維邏輯的侷限。諸如笛卡爾欲以「我思故我在」解之，海德格（M. Heidegger）提出「存在」（Sein/Being），德希達的解構等等皆是企圖和努力。

我們文化精神的思維邏輯非如西方的二元對立，是建構於老子的「無」與周易的「變」，「無」是無為、無我、無執；「變」是恆動、是求新。儒法二家皆源出於道，復交集於「無為」。「無為」是儒、法、道的共同目標，皆期望抑止強橫暴力，儒家欲藉道德力教化之；法家則是「與狼共舞」；道家寄望於人間世的自然化，欲人與萬物為一體，此是三家中境界最高者，由莊子發皇，亦影響後世人生修養最厚者，也是中華文化最唯美的一角。

海德格頗心儀老莊思想，甚至將《道德經》第十五章的一段話：「孰能濁以靜之徐清？孰能安以動之徐生？」以中文書法置於其書房。他哲學最核心的「存在」即如老子的「道」，是不可知、是無限大：「有物混成，先天地生。寂兮寥兮，獨立而不改，周行而不殆，可以為天下母。（第二十五章）」「道可道，非常道；名可名，非常名。（第一章）」，並將「無」與「存在」劃上等號。在海德格看來，「存在」被錯用，主要發生在幾個方面：被本質化、被固著為普遍概念、予存在以定義，以及因二元對立而化存在與非存在為必然相對的邏輯。如此發展乃是庸人自擾之，事實上只要「讓存在存在」，庸俗的自以為是，反令我們成為「我」的囚徒，我們失去了「家園」，而更可悲的卻是不自覺，並反過來要做一個以「我」（人）為中心的主宰者。海德格認為，假如這就是「人文主義」（humanism），那麼不要也罷。其已窺出中西差異之端倪。

周易代表中華文化的精髓，基本上它展現大宇宙（天），和小宇宙（人）辯證關係的縮影，反映的是我們欲以究天人之際，通古今之變，獲取智慧，使在不同的時空之中得能善處的企圖，是謂：「易與天地準，故能彌綸天地之道。仰以觀於天文，俯以察於地理，是故知幽明之故。原死反終，故知死生之說。（〈繫辭上傳〉第四章）」我們民族代代相傳的核心理念，尤其以「周易」（易理）與我們生活最親近，也因此影響我們日常思維者也就相對的深。

兩宋以還，於「無」與「變」之外又增加了「悟」，以「悟」悟到「無」與「變」。六祖慧能是謂：「菩提本無樹，明鏡亦非台，佛性常清淨，何處有塵埃？心是菩提樹，身為明鏡台，明鏡本清淨，何處染塵埃？」此即佛教本土化後的禪宗，禪宗融合也集大成了我們的宗教文化、人文倫理規範以及文化風格與民族性。禪宗接續了眾生平等的精髓，了然唯無即有，空既始復終，聚為人間佛法。

星雲大師篤行人間佛法，涵泳民族文化精髓，學養底蘊深厚，德行質文具備，更具超凡入聖之大智慧，要真正登星雲大師浩瀚佛法堂奧著實不易，是乃不揣冒昧企圖藉理解我們民族精神和文化核心期以側身階前，幸賴炳文兄以《十方如意》鴻文為媒，詳實錄下星雲大師嘉言懿行，顯深奧於平常，導吾得窺堂室之奧，謹此敬致謝忱，並代序以為貂續。

（本文作者洪孟啟先生，曾任文化部部長，現任銘傳大學講座教授）

MIX
SHOT ON MI MIX2

推薦序

補個白

紀俊臣

作為一個在家居士，最重要的修行，就是所作所為不讓家人擔心。人們在世間的時間很短暫，因緣際會，不僅要有佛心照顧好自己；更要有佛心做些該做的事，比如說因工作的關係，可以給需要幫忙的人一些幫忙，可以給那些需要溫暖的人一點溫暖；尤其那些曾經給自己某些不方便的人，更要有勇氣去放下。如果有一天他需要幫忙，也能行個方便，給個前進的力量。

這些年，回想過去種種，好像有往上面所說的方向身體力行。這不在求福報，祇求心安而已。寫到此，想起炳文兄即將出版《十方如意》，內容包羅萬象，卻萬事不離一衷，那就是有「佛心」。星雲大師是最受敬仰的老和尚，有事與他請益，覺得身心靈合一；老和尚開示人生方向本是在確立行佛，而且在尊佛，竟有一種說不出的輕鬆和快活。

記得民國八十七年四月，老和尚由泰國迎回佛牙，且是由曼谷專機來台。我與炳文兄就、在這個千載難逢的良緣中結下了緣。炳文兄來內政部民政司找我，當時正在民政司服務，他提及派機迎佛牙，需要十方大德恭迎，人數可能多達數百人，需要以最快的時間辦妥入、出境手續，希望內政部民政司以主管宗教行政的職責，能協助完成這一項通關手續。我們二人就在合作無間中，看到華航專機回航，且在下飛機的盛大恭迎場面中，展現國人的知佛、行佛思維和作為。炳文兄在這項活動中的努力，就是典型的禮佛；能在身旁給他敲邊鼓，備感榮幸。

炳文兄尊將星雲大師說佛和行佛的貢獻和成就，以非常有系統的方式整理出佛說的大要，不是生花妙筆可以形容，應該是身心靈合一的見證。炳文兄這本大作，多達五十二篇，十二萬餘字，相信這是一般在家居士窮其一生，也不見得能如此從容完成的一項筆耕工程，足見炳文兄的功力，可說「功力一等」。當然，神來一筆，更是剛好的說辭。

這些年，大家都有一個期待，那就是什麼時候可以看到家和萬事興、看到天下天平。家和萬事興需要大家行善，由修身做起，並不是那麼困難，只在佛心是否存在。至於說天下太平，就好像有點奢求。其實，天下太平的日子，看似遙不可及，但想想那些世紀之毒的病毒，最後還不是都一一受到有效的控制，只要勤洗手，戴口罩，保持社交距離，甚至打疫苗，投有效藥物，即可防治。可見天下太平，就在於十方的共同努力，不分國界、不分種族，更不存有宗教的歧視，大家和睦共好的佛心，就有實現的那麼一天；反之，那些整天想到世界末日的人，就顯得太消極了。人們要積極點，「我不入地獄，誰入地獄？」、「我不為人人，何人去為人人？」大家有這樣的積極思維，相信苦難總會過去。人們唯有勇氣去講道理、行道理，就有機會把社會的真善，形塑成天下和平的基礎。

願《十方如意》，就在今朝的佛心行義中逐漸圓滿。

（本文作者紀俊臣先生，在家居士道應，前內政部民政司司長，銘傳大學社會科學院院長、台灣經濟科技發展研究院總院長、傑出企業管理人協會理事長、觀光學會理事長、中國地方自治學會理事長）

學術研討會
臺中市政府民政局
研討會
圓滿成功
紀俊臣博士

推薦序

見證人間如意美好

趙政岷

我們的世界，並不是全體人類的世界。我們的世界，只是我們個人所接觸、所記憶、所珍惜的世界！我們的一生，也就在這芸芸眾生的十方因緣，十方聚合中所完成。

星雲大師是大家所敬仰的大師，他的行誼普及四海兩岸，受人崇敬。一生推廣佛法，成就了許多善緣。在二十年久別重逢後，得知炳文兄與大師有這麼多殊勝奇緣，促成了我邀請這書《十方如意：星雲大師十方行誼與我卅載佛光緣》的出版。

與炳文兄相識在二十世紀，他熱情有活力，又有學術專業。應他之邀，我參加了他當年籌組的中華危機管理協會，開啟了我對危機管理研究的興趣，將其運用在我所從事的媒體傳播與行銷溝通上，收穫滿滿。炳文兄也曾身居行政院高層，處理過許許多多政府與長官們的大小事，每每順利如意或逢凶化吉，令人敬佩。

也是因著這番獨特機緣，他跟星雲大師有更多的接觸與合作，看著這書裡的大小故事，著實驚奇，也讓人感佩。

書中從如意談起，有星雲大師尊佛樂善，有因緣成就，更有令人感動真誠的處世待人哲學，與心身和諧理念。

人不會因身型、力氣、財富、事跡而偉大，而是因著度化行誼而崇高。星雲大師的十方行誼，成就了十方如意，令世人同感讚嘆！也因著炳文兄親身參與，及生花妙筆的紀錄，得以將此流傳，並供眾學習。時報出版有幸出版此書，得以共同推廣人間美好！真是開心美事。

（本文作者趙政岷先生，時報文化出版公司董事長）

THE COLD WAR

肖莎娜．祖博夫
村上春樹
蔣勳
林青霞

自序

卅年情緣未了卅天情急就章

全球粥會世界總會副總會長、江蘇鹽城粥會會長董峰詩人，頃作七言律詩、〈賀陸炳文總會長《十方如意》出版〉有云：「半百文章一月成，炳公椽筆喜盈盈。至尊九五星雲壽，卅載連緣歲鑰情。法外修身於己利，人間正道大家行。十方如意弘吾佛，滿意十分憐眾生。」

總會長並加註釋：「為明歲二〇二二年開春，迎接佛光山星雲大師九秩晉五華誕、暨駐錫台灣弘法七十載雙慶，陸總長撰寫《十方如意》一書。特賦詩以賀。」我答應在三十天內寫出這本書，實際上下筆若有神助，只用二十五天；如果說與星雲大師有如意緣二十五年，但實際而言，我跟佛光山結緣更長達三十年。近日抽空，仔細盤點，推算一下，那還了得，出書旨趣，何止雙慶，竟有十大：

1. 世界級宗教領袖星雲大師九五嵩壽。（一九二七年八月十九日出生）2. 星雲大師蒞台弘法七十週年。（在台灣始自一九五二年，於宜蘭雷音寺成立念佛會、學生會、青年會、兒童星期學校、弘法團等組織）3. 國際佛光會世界總會成立三十週年。（一九九二年五月十六日，在美國洛杉磯正式成立）4. 佛光山開山五十五週年。（一九九六年五月十六日，曾慶祝佛光山開山三十週年）5. 新書《十方如意》榮譽出版者時報出版創立四十二週年。（一九七五年一月，余紀忠籌劃創立時報文化出版事業有限公司）6. 時報出版董事長趙政岷榮獲二〇一五金石堂年度風雲人物七週年。7. 時報出版蟬聯金石堂等各大通路第一名四週年。8. 著者陸炳文始結佛光緣三十週年。9. 星雲大師與我如意緣結二十五週年。10. 陸炳文八十生朝。

再進一步深入探究，大師與陸炳文卅載情緣未了，就涵蓋了七種緣分：1. 地緣：初來乍到台灣，星雲矢志弘大佛光，始發源於宜蘭，我六歲隨母親來台，尋父落戶蘭陽，建第一個家園，彼此地緣相近。2. 文緣：釋陸二氏、僧俗二人，先後同樣出身文藝青年，好學不倦，喜歡作文，樂於編書，著作等身，兩者文緣相通。3. 佛緣：父執輩大師長於我，出家人道行又高於在家居士，可是相知相惜，結交長達三十年，其間法喜充滿，承續香火，從未中斷，造就佛緣相承。4. 法緣：過去星雲講經說法，我常聆聽開示教誨，也三不五時受天命，給出家眾施教授課，教學相長，成就法緣相循。5. 佛光緣：卅年來，緣生緣起，尤以前副總統蕭萬長先生，擔任閣揆近三年間（一九九七年九月一日～二〇〇〇年五月二十日，作為內閣內務長，跟佛光山緣增長，與大師緣更深厚，而佛光緣相親。6. 佛牙緣：忝承行政院蕭前院長、佛光山開山宗長雙命，承辦迎請佛牙舍利來台庶務事宜，不辱使命，順利安座，致佛牙緣相依。7. 如意緣：多承大師抬愛，在海內外多處，假座佛光緣美術館，合辦如意巡展祈福，相輔相成，連年連緣，故如意緣相連。凡此，地緣相近、文緣相通、佛緣相承、法緣相循、佛光緣相親、佛牙緣相依、如意緣相連，七緣七巧七喜樂，更巧不可言還有，十全十美十序言。

在此要特別感謝，十位至友的賜序，依稿件到位順序，不吝推薦其台甫：1. 趙守博先生（前總統府資政、預備軍官聯誼會榮譽會長、中華民國童軍總會理事長、亞太地區童軍會主席、總統府前資政、台灣省政府前主席、行政院前政務委員、行政院前祕書長、前行政院勞工委員會主任委員，及中國國民黨前中央組發會主委、前中央社會工作會主任、前中央常務委員）。2. 趙怡先生（國際佛光會中華總會總會長、國立政治大學副校長、前行政院新聞局長）。3. 趙立年先生（台灣新生報前社長、台灣新聞報前發行人兼社長）。4. 黃書瑋先生（世界佛教徒友誼會副會長、台北法華寺董事長、台北艋舺龍山寺董事長、中華人間佛教聯合總會主席、國際佛光會中華總會理事）。5. 江碩平先生（中國國民黨中常委會聯誼會長執行長、行政院前顧問、台北市前市議員）。6. 蘇進強先生（精神加盟後援會榮譽會長、文化總會前祕書長、台灣時報前社長、台灣團結聯盟前黨主席）。7. 楊朝祥先生（教育部前部長、行政院研考會前主任委員、佛光山系統大學總校長、佛光大學前校長）。8. 洪孟啟先生（文化部前部長、佛光人文社會學院兼任副教授、台北藝術大學兼任助理教授）。9. 紀俊臣先生（前內政部民政司長，銘傳大學社會科學院院長、台灣經濟科技發展研究院總院長、傑出企業管理人協會理事長、觀光學會理事長、中國地方自治學會理事長）。10. 趙政岷先生（時報出版董事長、總經理）。

再來，必須感謝兩位貴人，第一位就是我的老長官蕭萬長先生，自從經濟部至行政院，一路相隨到二〇〇〇年五二〇、首次政黨輪替一起致仕，如果沒有這段寶貴閱歷，恐怕就沒有後來的良機，喜結善緣星雲大師情誼。

第二位則為我的老球友吳伯雄先生，打從一九六六年一場籃球賽，故意帶球上籃走步，逼得裁判史瑛吹哨，製造陸炳文好機會，贏球又迎娶美人歸，今還替我題寫書名，另類球緣喜獲良緣。

這一本書得以急就章，特別感恩這兩位長官：前副總統蕭萬長先生、破例賜予〈推薦的話〉增光，及前國民黨主席吳伯雄、題寫書名《十方如意》添彩。

末了，我向時報出版趙董、至友政岷吾兄致謝，請客吃一頓飯，可造就一本書，限期一個月內交稿，十一月五日起心動念，開始構思寫作大綱，每天下筆二千至四千八百言，在十二月五日前撰稿畢，計五十二篇條目之《十方如意：星雲大師十方行誼與我卅載佛光緣》，把大師與我卅年未了情緣，濃縮成大約十二萬字，文情並茂期卅天內完稿，宿願得償，能不感謝你？

而用二十五天成章，如此快筆之下奏捷，走告周遭至親好友，二〇二二年一月十八日，新書將送通路全面上架，這在陸炳文係頭回經驗，全書厚達三二八頁，在作者自序和自跋之外，本文分四輯共五十二篇，是以星雲大師，替新年度題寫的：「處世無畏，和平共存」這八字箴言為中心條目，每輯再納入十三篇文章，始鋪陳出條理分明主文。

「輯一、處世」：旨在處事要變通，做人可得要方正，例如萬事如意天地通、粥中有道求融通、禪茶一味心相通，自有其體會諸端。「輯二、無畏」：旨要無畏則大行，就能度淨菩提心，有如因病得福一筆字，愛運動不怕開除，鄉音重無懼見笑，在在顯示有情操。「輯三、和平」：旨重和平必勝利，戰爭將自取滅亡，誠如身心靈平衡融合，人與環境自然合，心太平天下太平，通篇強調和與平。

「輯四、共存」：旨趣共存才能活，和諧和睦康莊道，譬如學習與病魔共生，佛道神明習共處，天地人共進大同，無非就是存活道。本意亟欲切合生平事略，內容若不得體或疏漏處，尚祈書中的主人公先見諒，讀者諸君也請別見笑是幸！

△1958年小陆始替母亲王德钗整理卫生所访视资料。(1-2)

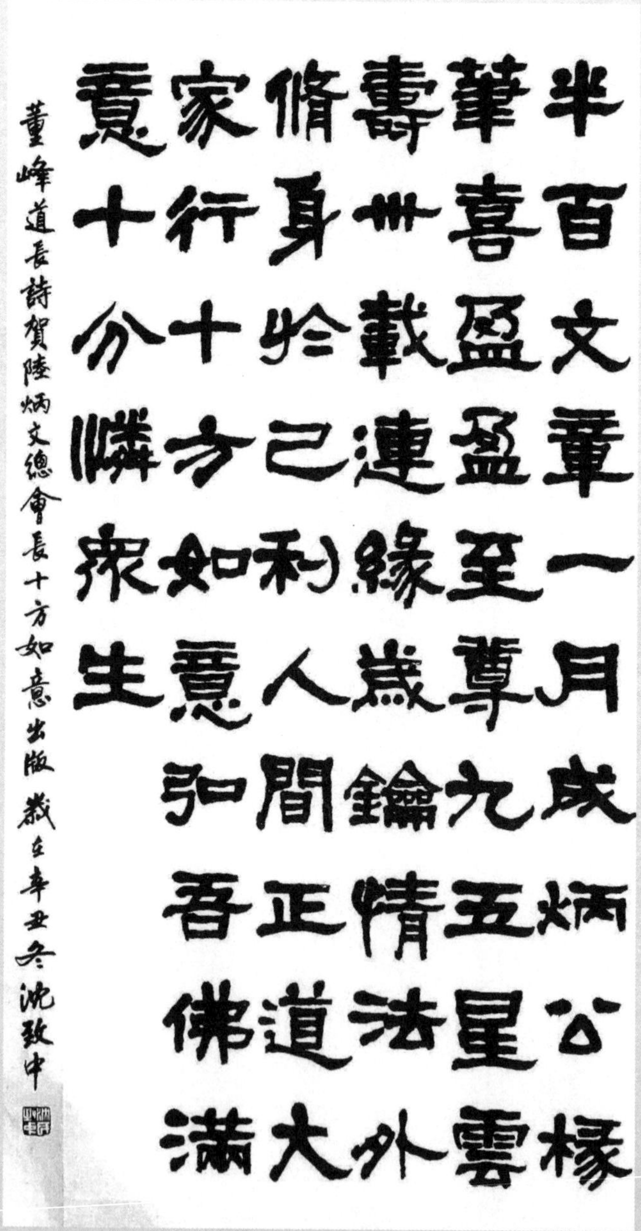
半百文章一月成炳公椽
華喜盈盈至尊九五星雲
壽卅載連緣歲鑰情法外
脩身於己利人間正道大
家行十方如意弘吾佛滿
意十分憐衆生
董峰道長詩賀陸炳文總會長十方如意出版 歲在辛丑冬 沈致中

輯一

處世

1 十方如意成全十方成就十方

佛說觀自在，菩薩如意心，無障礙觀自在蓮華如意，與大菩薩無量眾俱稱心。

有很多人或許會在一些文章中。發現星雲大師名字的由來，與大師以菩薩如意心欣賞天地間星雲團的感悟有關。所謂「星雲團」，是比銀河系更大的一個單位，它代表著時間和空間上的無限、廣闊，以及自在如意。因此取名「星雲」，正是希望自己，與久遠的過去，有著如意般關係。

佛光山開山宗長星雲大師的《星雲日記3：不負西來意》〈萬事如意〉（一九九〇年二月十六日～二月二十八日）篇中記載：「如得人意，卻不得我意；如得我意，卻不得人意；要得人如我意，除非我如人意；人人所得如意，大家萬事如意。」由此短文深知，星雲對「如意」的真知灼見，應用到處世上面，做人做事講「如意」，相當接近前人程璧光（一八六一～一九一八）的見解。

前人釋如意有云：「如意如意，百事如意，人有人意，我有我意，合得人意，恐非我意，合得我意，恐非人意，人意我意，恐非天意，合得天意，自然如意，如意如意，百事如意。」被人喻為「如意大王」的我，陸炳文，則是很早就拜讀過星雲和程璧光的兩句名言。

大師跟我相識相知已超過了三十載，更有如意緣在後，嚴格說來，師父對我有知遇之恩，真可謂亦友亦師亦父。藉著初來乍到宜蘭的地緣，以及教育工作者出身學緣，架構起吉祥如意心緣，廿四載又是圓滿易經吉數，易理預測體系中二四屬大吉，一指十方來儀為掘藏得金，詩曰：「家門餘慶，金錢豐盈，白手成家，財源廣進者也。」

多年來大師待我恩重如山，先承蒙邀約至宜蘭籌建高校，此即百萬人興辦佛光大學，事雖未果卻已種下良好佛因緣；再來又協力迎請佛陀舍利，巡察安全台並找地欲建紀念館，並獲授隨身菩提子佛珠手鍊；三合辦千禧如意環球特展，親歷澳洲美西開展佛光緣，從此由素昧平生變成惺惺相惜，實則成為忘年交情逾父子。

因為清季先賢無相如意，以及星雲抽象如意概念，正是個人早歲開始探求之際，收藏具象實物竟成方家，當初起心動念緣生緣起。迨至一九九七年九月，蕭萬長前副總統於行政院長任內，欣逢星雲大師七秩華誕，指派我以大院參事、兼第七組組長身分，代表前往高雄佛光山本山祝壽，賀禮則為私人珍藏的一柄當代名家燒製交趾陶如意。有道是：「十方來十方去，共成十方事；如意施如意捨，共結如意緣。」

後來，大師托人贈我墨寶、法書四字「十方如意」，所謂「十方如意，一切有為法，如夢幻泡影，如露亦如電，應作如是觀。」未幾這四字墨寶，亦轉送山東有緣人，怎麼來怎麼去，過水人情而已。如同廿四載之前，陸炳文送給星雲大師那一柄名家如意的壽禮，如今在何處已不重要了。

或許成全如意人家，重點是如意緣，象徵緣結十方，成就十方，成事十方，萬事如意。這種收藏品流通情形，也正如那柄典藏於佛光山寶藏館的「嚴檢如意」。陸炳文曾於二〇〇二年二月初，首度借予國立歷史博物館，合辦〈迎吉納福：如意菁華百品展〉陳列。

此一被視為佛光山鎮山之寶，且由嘉慶皇帝賜予寵臣顏檢（廣東連平人，曾任巡撫、總督等高官）的一歷史文物，白玉三鑲式如意，長五十八、首寬十四公分、高十公分，原屬宮廷珍物，一度進入顏家藏寶，後流落安南（今之越南）藏家，再輾轉經信徒奉獻，供養物歸佛教聖山，我又借展到紐約、雪梨、東京、香港、吉隆玻等十個城市，公開巡迴展出結緣過十次。

《人間福報》二〇〇〇年九月十九日，頭版「迷悟之間」專欄刊出，另一篇星雲親撰〈萬事如意〉同題專文，則為十載之後的好事一件，乃想同年九月十三日至十月三日，大師與我共同促成如意雪梨展，在南天寺文教中心成功舉辦之軼事，包括我們家人閑坐海邊，餵食海鷗的趣事連連，內心頓生感悟良多，浩如煙海似星雲團，中意無限廣闊天地，如人所喜，如人所願，欣逢二〇二二年春間將出之新書《十方如意》，大師與我因如意結緣廿五載。稍早，再得法書「六時吉祥」，祝福中寄語卅年佛光緣，繼續下去直到天長地久。

Opening Ceremony of the "All is Well Ju-I Exhibition" held at Fo Guang Shan Nan Tien Temple, Australia. Special guests included: Venerable Master, Wollongong Mayor George Harrison(master's left), Lu Ping-wen (2nd right), and BLIA Sydney President Wong Hsu Li-chu(1st right). 2000/9/19

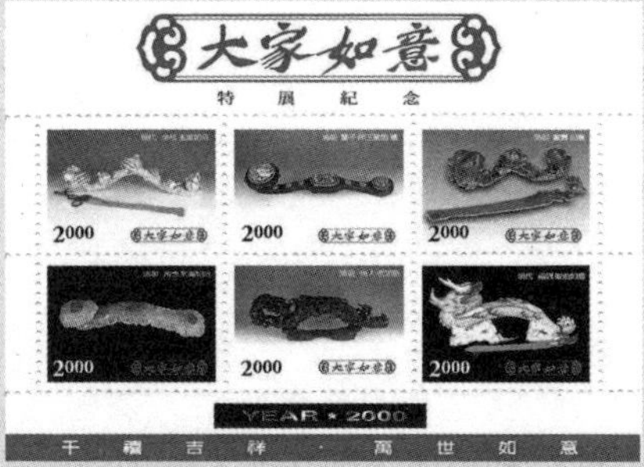
大家如意
特展紀念
2000
YEAR • 2000
千禧吉祥 · 萬世如意

十方如意
吳伯雄

2

全球道場普門大開以粥代茶

星雲大師是首位將人間佛法，從高高在上的寺院殿堂，帶入俗世會堂的第一人，最早是啟用台北市中山堂及國立台灣藝術館弘法，之後才改在國立國父紀念館舉行，持續到二〇〇六年，整整卅個寒暑，直至八十歲，宣布要「封人」後，才不再舉辦大型講座，但仍有小範圍講演活動，樂意隨喜和大家結下善緣。

出家人具有入世觀，而又能擺脫俗世念，星雲絕不是第一人，卻是我認識的首位。大師一再公開提倡：要先有出世的思想，再從事入世的行業；先具備出世的般若，再提起入世的精神。表現在世俗間的言行舉止方面，是親切隨和的笑容，平易近人的身影，凡事皆以身作則，為人處事皆如此。

千禧年前後的那十餘載光景，乃是在家居士陸炳文，最親近、最密集接觸星雲大師的階段，也是從大師身上心領神會，學習到最多東西的一個時期，深深體會到行誼最豐富、最真實的一段情緣。舉凡世俗上實用之庶務，應用在人間佛教之教務、文化人雅集粥會之會務、國家最高行政部門之院務等，無不多方受益良多，調教處世貴在和諧。

日常大師的講經說法及舉手投足之間，往往就是最佳之教化典範，特別有三回好機緣，讓我了解和諧相處最重要，並給我留下脫離習俗、永遠無法磨滅的印象：

其一，協助迎回佛牙舍利，在桃園機場候機中，喜獲賜贈菩提手環，我當面致謝習稱：「感恩大師！有您真好！」星雲立刻糾正說：「免俗叫。謝謝師父，這樣就很好！稱呼法師亦可。」

其二，灑淨化甘霖浴佛，陽光普照佛誕節，事成約見言吉祥，我說是拜見師父，被當場糾正做「會見」，委婉要求之下，去掉慣用「晉見、叩見、求見」等舊官僚俗用詞。

其三，在台北國父紀念館後門階梯，迎接引大師進入貴賓室，禮請上座卻不允，直呼坐哪裡就哪裡，一切隨緣，只要如人所喜所願，如意就好，不需有差別心或世俗上下之分。

因此回想起來，上一世紀九〇年代，大師年年在台北國父館、大會堂上開講，一連開示三天，場場座無虛席，引人入勝，大為轟動。我曾去聽講了幾次，當晚必提前到貴賓堂接送；某回無意中談起「粥會」於一九二四年在上海創立，吸引了文化人士雅聚一堂，其旨趣在於「以文會友、文以載道，以粥會友、粥以弘道」，甚符世道佛心，深得星雲歡心。

演講後過不了幾天，便在《人間福報》讀到〈以粥代茶〉一篇文章，內容要義指出：「現在時代進步，信徒到寺院裡拜佛，光是以一杯熱茶招待，還不足以溫暖他的心，我建議

『以粥代茶』，如社會上文人雅士所舉辦的『粥會』，以吃粥來聚會，我們就以『臘八粥』（現在定名為『平安粥』），來跟大眾結緣吧。」

本文現已收入《星雲大師全集》第五類文叢，星雲說喻（共三冊）：星雲說喻一／布施○六六〈以粥代茶〉。此文一出，立竿見影，佛光山全球道場馬上展開「普門大開、以粥代茶」的運動，以粥弘道，弘揚喝粥布施，蔚為良好風氣。還有一回，大師在台北道場，特別宴請我與多位閣員，如內政部林豐正部長、僑務委員會焦仁和委員長等，共餐敘舊又續前緣。

當天飯後就附加粥，送上來了一碗慈心粥，裡面放有桂圓苡米等，比八寶粥還要濃稠，淡淡的甜味入心，不像其他地方的供粥，只是水上漂了些米粒。星雲當場再次重申：現在我們以粥代茶，信徒來了，就為他端上一碗粥，粥的水分多，吃了不但可以解渴，也能當飽。有時候，信徒一早就到寺院禮佛，還沒有吃早餐，能吃上一碗粥，也可以止飢。

或者有的信徒禮佛之後，馬上就要去辦事，路上要找個地方，解飢不容易，吃上一碗粥，也能填肚飽腹。幾十年來，到台北道場吃臘八粥的人，可以說不計其數。看到那麼多的人，與佛結下一份好因好緣，享受臘八粥帶給他們的暖意，大家都感到很歡喜，這也算是聊表佛門對信眾的一份感謝之意。大師有此宏願，這也是《星雲全集》為何收錄粥會與粥長我兩篇〈以粥代茶〉和〈萬事如意〉專文之原委。

星雲「以粥代茶」運動啟動卅年，其間更以實際行動支援粥會，始自我在本世紀初掌鍋捏瓢，就要慈容師父偕法師們來會文化人士雅集，協尋移風易俗良方，或是邀請粥友去金光明寺禮佛、筆會現場揮毫指導抄經，成效頗為顯著，自然共存共榮。

轉眼間二〇二四年已屆，作為全球粥會世界總會長，陸炳文正在積極籌備擴大慶祝，近代粥會倡導和諧粥文化百年，將號召世上五大洲一九七個文化人雅集，效法佛光山道場普門大開，以粥會友，粥以弘道，弘揚固有和諧粥道，亦即和諧處世之道。

丁福保居士紀念惠存
禪粥一味
中國國民黨主席 吳伯雄

茶粥一味

3

國際如意大道至簡誠哉斯言

「你生活得如意嗎？人生在世，如果你有名有位、有財有勢、有愛有錢、有田有地，但是你生活得不如意，又有什麼意義呢？」星雲大師著《迷悟之間二》之一三九〈萬事如意〉文中，開場白如此問大家，實際上在自問自答。

「『如意』已經不是專屬於宗教的聖物、皇室的寶貝，現在非常大眾化了。甚至巡迴在世界各地展出，所以已經不只是『萬事如意』，可以說是『國際如意』了。」可見，處世如意萬事通，就能夠在國際上，通行無阻，交上朋友，大師大道至簡，星雲誠哉斯言。

星雲大師大我陸炳文十六足歲，我們可以說是忘年之交，兩人還難以忘懷三加一種愛：一愛，看書寫文章；二愛，編輯出刊物；三愛，運動打籃球；四愛，鑑賞不求人，潛心於如意造型，及其特殊功用與寓意的研究。前兩大愛好，曾在陸炳文受邀參加佛光衛視節目時分享過心得，也蒙《人間福報》邀稿，大談讀書會的好處、聊起長年編期刊樂趣，唯獨對第三種愛、有痛徹心扉之經歷，卻需閉門私聊打球。

我在初三時愛打乒乓，因為桌球錦標賽太花時間，父親深怕影響升學，導致球拍倒楣慘遭劈開，險些斬斷了我體育生命。星雲十六歲時也同樣面臨慘況，他克難製簡易籃球架，竟被佛學院給開除，來台提倡籃球運動，又遭教界視為異端，但即使受到排擠他也無怨無悔。我倆遭遇相若，同病相憐，我亟欲改變舊觀念，尋求合作或扭轉觀感，就從雪梨奧運開始，如意交上國際友人。

此即因緣際會，大師為文發表，題目自取〈萬事如意〉：「中華如意協會理事長陸炳文先生，將協會會員共有的一百多件『如意』，在澳洲南天寺寶藏館展出。正當二〇〇〇年奧林匹克運動大會，也在雪梨展開，一個是在較勁體力，一個是展示內心的『如意』，因此，此展能在此時於澳洲適逢其會，意義非凡。」

而佛光山歷史上的今天、二〇〇〇年九月十九日也同步記載：「佛光山南天寺舉行『大家如意特展』，由星雲大師與澳洲臥龍崗市長喬治哈里森、展覽發行人行政院第七組陸炳文組長揭幕。」對於當時的媒體報導與文獻，卻有大家所不知道的軼事，有必要加以補充說明：大師曾經兩次，替我打過前站，居間協調，實在愧不敢當。一回前往雪梨，另一回去洛杉磯，皆關乎如意展覽一事，慈容師父都有在場。

「大家如意特展」在海外各地巡迴展，就是在佛光山大力支持下，其中澳洲、菲律賓、日本、馬來西亞、美國等地，展場均設在佛光山當地道場，除了澳洲雪梨之外，例如二〇〇〇年秋至二〇〇一年春間，還有：馬尼拉如意展於佛光文教中心，東京如意展於東京別院，吉隆坡如意展於佛光文教中心，洛杉磯如意展於西來寺等處。

當時千禧雪梨奧運，千載難逢巡展如意，星雲已坐七望八高齡人，仍選擇兩處先去等待我到達，參加開幕典禮並且加持祈福，不只盛情感人，尤具教育意義，誠如大師大作〈萬事如意〉文字所明示曰：「在佛教裡，也是非常重視『如意』，舉凡任何重大的法會，或是登壇受戒，或是各種說法開示，戒師大德均手執『如意』，以示莊嚴。」

星雲的如意觀，很淺顯又易懂，舉偶也很務實，「求人不如求己」，同文便實例出：從造型推想，「如意」最早應該是用來抓癢的。現在市面上到處可見，抓癢用的小棒子，叫作「不求人」；人能夠到了「不求人」的地步，大概就很「如意」了。如果凡事都要「求人」，凡事都要「靠人」，凡事都要別人幫助，那大概就很難「如意」了。

所以，出家人披搭的袈裟，左肩上有一個扣環，叫「如意鉤」，可以不用鈕扣，也不必別人幫忙，而能輕易的把袈裟勾住，所以非常方便如意。此外，老人的枴杖叫「如意杖」；「如意」在手，有安全、護身的意義，並且還能當指揮棒之用，又叫「如意棒」。陸炳文末了，補上一句話，「如意棒」與「不求人」兩者，頗有異物同工之妙。

其間如同大師和我，所共擁的第三種愛，「不求人」的如意，也就是這樣，與喬治市長處好了，如意不求人，而求得南天寺對面一塊地，變成南天大學校地，跨越馬路新建天橋，亦成國際如意大道。

廖招香

4 善體人意善解鳥意談何容易

萬物皆有情，有情眾生皆因緣而起而滅，鷗鳥也有累世累劫之因緣，廣結善緣，眾善奉行，一切自有，善自循環，善解鳥意，善體人意，善緣廣結，談何容易？大師法語，順其自然，雙手合十，易如反掌，處世和諧，亦非難事。

澳洲雪梨的佛光山南天寺，靠近海邊，擔心海鷗在外亂吃垃圾，慈悲心腸的法師，愛鳥及鳥已成慣例，每天早晚兩次，都有海鷗成群飛來，等待好心的法師們餵食。北京粥友寶世華，有緣得知法師很不容易，填詞讚美星雲大師，有情有愛心，詞牌名為〈漁歌子．聞粥翁憶星雲同飼海鷗故事緣起〉，有句：

「飼鷗海上佛光回，粥觸禪緣向遠飛。星雲偈，掛單依，和風法雨眾心皈。」

善體人意，善體鳥意；海鷗亦通人性，眾生和諧共處，和風來自細微，食物不能用拋，最好親手餵食，受者自得尊嚴，人性鳥性，一視同仁，眾生好度，人尤難度！廿年前在南天寺，人工新造池塘畔，餵食海鷗眾生相，就出現這種情形，做事好做做人難，眾生好度度人難。

「公關溝通危機管理三書」作者、全球粥會世界總會長陸炳文，在下我很不解為什麼海鷗不理會自己餵食的新鮮麵包，反而只搶食一旁星雲大師所拋出同樣小塊吐司而屢試不爽，是認人或認知上有差別心？我用餘光看著大師一派悠閒、輕鬆地餵食，不覺有什麼異樣，反觀海鷗飛翔狀可不一樣！心中百思不解，正在納悶。

大師見狀，安慰我說：「海鷗也會認人的，我早你一天來這裡，已跟海鷗打過交道，做好了公關與溝通工作，昨天海鷗就知道南天寺有我，今天才會飛來寺裡等我找吃。」

今日重讀大師舊作，二〇一五年六月十日，《人間福報》上刊出的〈星雲說喻餵海鷗〉，我作為被媒體封號「台灣公關溝通教父」，也不得不佩服星雲的溝通技巧，「善體人意」兼而「善解鳥意」。

原來大師提前一天，已經攜同慈容、慈惠師父等出家眾，專程來到雪梨以南八十公里、臥龍崗市Berkeley區一個小鎮等候，實在愧不敢當而感到罪過。那年的九月中旬，我們一家人受邀入寺掛單，吃完素食大餐之後，法師說還有餘興節目，於是我帶著六大條吐司麵包，也要陪同大師餵海鷗吃晚餐，這才知道出家人的入世心。

〈星雲說喻餵海鷗〉文稱：「距離南天寺不遠的地方，有一片大海，一次，偶然經過海邊，看到有人在餵海鷗，成群的海鷗一時間蜂擁而至。只是，面對著成百成千的海鷗，光是這麼幾片麵包，也實在是不夠牠們爭食。尤其小海鷗或者殘障的海鷗，怎麼樣都爭搶不到一塊麵包，很為可憐。所以，後來我就叫人到麵包店裡，買了很多的麵包。

或許海鷗給我餵得也習慣了，有的乾脆就飛到我的手上，將麵包啣走，或者圍繞著我，狀似向我要麵包。這一幕，讓我感覺到，人和鳥獸之間，只要你有愛心，是能夠相互溝通的；只要你愛護牠，牠就會親近你，就和你有緣分，不會畏懼。後來，偶爾我沒有到海邊，海鷗竟然也飛到南天寺。之後，每天早晨，我就在南天寺裡餵海鷗了。」

長期下來，地處山丘上的南天寺，每天都有海鷗群集。由此可知，人不是天天得到，才有歡喜，有的時候，施捨一點東西給別人，那份歡喜更是無限、更是美妙！既然人類如此，萬物有如鷗鳥，皆屬有情眾生，何嘗不是這樣，歡喜無限美妙，看似不易實則容易！人要善體人意，一如善解及善體鳥意，固雖談何容易，但如大師言易於反掌。

善解鳥意人意要旨，就是要學習處世、做人處事的道理。古人有曰：「君子務本，本立而道生。孝悌也者，其為人之本與？」是故，學習古今聖賢，待人處事的精髓和態度，掌握住本能該有多重要！

5

粥中有道以粥會友粥以弘道

由星雲大師監修的《佛光大辭典》，曾獲得圖書出版金鼎獎，乃迄今為止最為權威、最全面的佛學辭典，亦係早期上海粥會創始人、丁福保居士編著《佛教大辭典》之後，最適於現代研究者使用的工具書，可見兩部大辭典，交集了星雲與居士共擁生命的密碼「粥中有道」，這個道理，其實很簡單，一如處世，首要包容，然後融合，自然就和諧。

二〇一五年高雄佛光山本山祝壽雅集中，陸炳文如意奉上論文集〈許慎與丁福保：說文．詁林之體用關係〉，為賀大師九秩大壽理由在此，同年跟星雲於北京師大對話的、大陸全國人大常委會副委員長許嘉璐等，當天約同在場，一起見證中國佛教史上，首以辭書佐粥之生日派對，這也不用粥長我來說，粥賢前輩們早有明訓。

丁福保一九二四年始創文化人士雅集、粥會於上海，旨在以粥會友、粥以弘道，大師不但理解，而且認同此一旨趣，更見諸文字《星雲文集》、《迷悟之間4》——生命的密碼，先在《人間福報》二〇〇一年三月三日刊載，文題直接用〈粥中有道〉，開宗明義指出：「宋朝名相范仲淹，年輕時家貧，苦讀三年，每日以饘粥果腹，終得有成，他說：『粥中有道』。」

「佛教的《摩訶僧衹律》說：『粥有十利』，已為大家耳熟能詳。十利就是：姿色豐滿、增加氣力、補元益壽、安樂柔軟、辭辯清楚、喉舌滋潤、容易消化、老病適宜、消渴解飢、調和氣色。有一首打油詩：『煮飯何如煮粥強？好同兒女細商量；一升可作三升用，兩日堪為六日糧。有客只須添水火，無錢不必作羹湯；莫嫌淡泊少滋味，淡泊之中滋味長』。」

「中國古代戰亂頻仍，每逢兵荒馬亂，或遇水災、乾旱時節，慈善人士就以施粥救人，作為善舉，中國人就在這樣的情況下，獲得救濟。現在的富貴人家，每日飽食大餐之餘，偶爾吃吃清粥小菜，佐以醬瓜、豆腐乳，不但可以增強自己的食欲，更能喚起吃粥的苦難記憶，藉以培養憂患意識，增加慈悲善念，淨化社會的善良風氣。」

「因此，今日社會，如果家庭團體，大家都能提倡食粥，不但節省宴會開支，又能過清貧淡泊的生活，必能增加品德，這不就是『粥中有道』之明證嗎？在過去中國農村社會，貧窮之家大都有吃粥的經驗；甚至能用白米煮粥，也大為不易，大都是豆類、雜糧煮成。……」

「現在由於經濟生活提升，家家戶戶早餐不是牛奶麵包，就是果汁雞蛋，很少有人吃粥了。偶爾吃一頓清粥稀飯，還是人人喜歡；尤其老年人或病癒之後，大部分都很歡喜以清粥作為主要飲食。甚至現在有一些文人雅士，組成『粥會』，以示風雅，所以物質本身沒有好壞，在於各人的需要。」

話說回來，「粥中有道」，以粥會友，粥以弘道，自丁福保、星雲大師到我，三人所見略同；其實還不只少數人，這樣瞭解「粥中有道」，至佛教界居士大德，深諳此道樂於啜粥。《台灣佛教月刊》（卷二十二第四期，一九六八年十二月三十一日，頁三十四），有一文〈台北粥會集會於善導寺〉，如是報導說：

「（本刊訊）台北粥會第一二三次的集會，由中國廣播公司董事長梁寒操先生、與善導寺住持悟一法師聯合作東，邀請台北書畫詩文界的朋友一百餘人，於本（一九六八）年十二月一日，假善導寺彌陀殿舉行，供以七寶素粥，各會友啜食後，莫不歎為稀有！」

粥會在台成立於一九五八年，每月集會一次，其中會友，都是自由中國書畫詩文界的知名之士，他們認為在復興中華文化的今天，該會應多在寺廟中約集，如此好處至少三項：

第一、因為佛教文化為中國固有文化的重要一環，在寺廟辦理雅集，有增加文化氣氛的意義。

第二、由於中國的書畫詩文，在傳統上，無不深受中國佛教（特別是禪宗）的濃厚影響，經常在寺廟中集會，更容易引發文思畫趣。

第三、復因佛教的素食，清香可口，沒有腥辛濁味，既合衛生，又能長壽。該日到會的會友有吳經明、李子寬、梁寒操、馬壽華、徐堪、姚琮、王贊斌、丁治磐、易君左、江絜生、吳萬谷、章鬥航等一百餘人。餐後，會友們於善導寺大雄寶殿前，與該寺住持悟一法師合影紀念，部分書畫詩文的朋友，紛紛題字繪畫，贈送東主悟一法師，以作該寺永久紀念云。

▲捐贈書刊給粥會創始人紀念館。

6

全台最潔淨足跨多媒體巨人

佛光山教團非營利事業、經營媒體共促志業宏願，希望能透過傳媒力量，播送佛教理念潮流中，星雲法師創立事業體，亦同樣抱持一貫入世觀，從早期創辦的《覺世》旬刊，到《普門》雜誌、廣播電台、衛星電視，對創辦融合媒體，原本就非常積極，陸續建立起跨雜誌、報紙、廣播、電視、網路的媒體王國，標榜為清流、潔淨、無污染淨土。

我尊開山宗長星雲大師為正信宗教領袖，也敬佛光山新聞文化教育志業媒體巨人，擁有電視報紙雜誌影音出版通訊社多元，帶動全球華人媒體散播真善美新聞風潮，終於達成歷代高僧大德未竟之共同弘願。這話並不是陸炳文一個人講，也不是我今天才講出真心話，而是人前人後講過了廿多年，甚至入鏡佛光衛視公開宣講。

就別說在平面媒體上，多次表彰數十載有成，以轄下《人間福報》叢書、《福報與我》刊出為例，〈欲得人如我意必先我如人意〉一文，我早表述：看《人間福報》快要三年了，而我最愛讀的則為頭版的「迷悟之間」專欄，幾乎每天必覽無遺，每讀一篇也必能從中悟出一些道理。前些日子，得悉佛光山開山星雲大師在三峽金光明寺講經，我和內子自然不會錯失良機，一定要當面聆聽開示。開講前，大師先接見了我們，並送給結緣品一冊《散播快樂——迷悟之間5》，我們簡直愛不釋手。

回到家裡，我迫不及待地翻閱每一篇章，其中〈粥中有道〉篇，最是心有戚戚焉。自從我承乏中華粥會會務以來，凡是有粥文叢刊出版，都會先面陳大師指正，他也樂於有所指教。大師這篇回應的文字，不但提到「現在有一些文人雅士，組成『粥會』，以示風雅」，而且總結說：「今日社會，如果家庭團體，大家都能提倡食粥，既可節省開支，又能過淡泊生活，必將增加品德，這不就是『粥中有道』之明證嗎？」讀福報，有好報，以此為證！

另有一件事證，更得拿出來跟大家分享，盼望福報讀者、編者、作者，三者皆能如意。猶記得千禧年奧運會於雪梨展開期間，一項「大家如意特展」適逢其會，大師專程前往主持揭幕並祈福。隔天由國內航寄來的《人間福報》上，又在「迷悟之間」欄位中出現一篇〈萬事如意〉：強調世界不是我一個人的世界，我稱心如意了，別人都不如意，情何以堪！

我在南天寺掛單那天的傍晚，大師叫我去陪他餵食海鷗，大師像彌勒佛般端坐湖畔，不斷拋出小片吐司麵包，數以百計的鷗群環繞著他飛舞覓食，我與家人雖也學著做，但圍過來的海鷗畢竟形單影隻，不如我意。這種景象，大師全看在眼裡，馬上安慰我們說：「我比你們先來一天，跟海鷗已經相處熟了。」

其實，這是他不堪別人的不如意，而係處世之基本態度，亦正如「迷悟之間」末段所謂：「如意人人欲求！不過，欲得人如我意，必先我如人意。所以，家庭的人事相處、社會的人事往來，大家都能如意，這才是名副其實的『萬事如意了』！」我、粥、如意，就是如此這般，透過這份福報，始能與佛光結下不解之緣。

大師鴻文中所指，「世界上最有價值的東西，就是如意」；這話不假，擁之者是福分，有福分享，見之者有福，更重要的是，如意無瑕，代表清潔純淨，換句話講乾淨。老友柴松林教授，初任《人間福報》創刊時的總主筆，進入七週年之際又兼任社長，二〇〇六年公開演說：「二十四年前到高雄一所學校講演，從高雄轉往佛光山，拜訪才初識星雲大師。後來與大師接觸較頻繁，是在十四年前，為推動乾淨選舉，因而成立『乾淨選舉全國推行委員會』，成員是當時各宗教界的領袖，而我由宗教界領袖共推擔任創會會長（現為理事長）。也因此一機緣，才有機會，與星雲大師接觸，才有志一同下，起心動念，創辦這一份乾淨的報紙，全台最潔淨之人間福報。」柴教授這一席話，我當然完全同意。

人間福報

LTV
人間衛視

7 西來寺蓋成全靠協調出奇功

佛光山西來寺，位於美西加州、洛杉磯哈仙達崗（Hacienda Heights）南邊，一處山坡地上，是星雲大師宿願的實現，人間佛教成功由東向西傳，藉此促進東西文化交流，首讓西方人士能正確認識佛教，使大乘佛法能在西方世界生根發展，普利群生，初步體現「佛光普照三千界，法水常流五大洲」成就弘願。

然而開始籌備階段之時，困難重重，能夠蓋成，全靠協調，出奇建功。二〇二一年十一月七日，「周甲墨香揚萬里：中國書法學會六十週年國際展」，在台北國父紀念館開幕典禮上，陸炳文應邀致詞中，提到這段艱辛歷程，特別推崇星雲，稱沒有大師，就沒有西來寺，如同監察院前院長于右任，說沒有于右老，號召粥會七賢、發起成立學會管領騷壇，帶動書法界獨領風騷，就沒有甲子輝煌歷程！我在此特地講段小故事。

昔日星雲大師，同右老的互動，座眾多聞所未聞，咸表值得傳揚開。幾年前星雲接受訪問時說：「于右任先生的鬍鬚很長，睡覺的時候，鬍鬚是放在被單裡面，還是被單外面呢？」而更早大師講〈唯識所現的生活〉中，提到有人問三大（內含張大千、劉延濤）「美髯公」之一：「先生，您睡覺的時候，鬍子是放在被子外面，還是裡面呢？」

于右任先生從來沒有想過這個問題的存在，被人這麼一問，心裡就不自在了，不禁想著，到底是放在裡面，還是放在外面？這一天晚上，竟然無法入眠。可見心裡的力量不足時，就很容易受到外境的干擾。

陸炳文講授《公關溝通一〇〇招》課程時，歸諸本來就沒事，稱為「庸人自擾之」，協調工作中最忌犯此諱！試舉美國洛杉磯西來寺蓋成為例，當初佛光人全靠協調出奇招立功。二〇〇九年七月中旬，「迎吉納福：如意精品展」，西來寺文教中心陳列，星雲招待雅集粥前透露祕辛：

本寺院乃佛光山在美國建立的第一座別院。自一九七八年籌建，歷經六次公聽會，一百多次協調會，可見最初是困難重重，所幸溝通有方、協調得法奏效，才於一九八六年順利開工興建，一九八八年七月二十四日舉行佛像開光，同年十一月二十六日落成典禮，法會法喜充滿而圓滿慶成！

大師回首受困那十年間，當地居民抗議從未間斷，西方人士衝突抗爭有理，卻講不出什麼反對理由，自我認定不好或不歡喜，就是討厭東方宗教西進，尤其入主新廟正好取名、「佛法西來」之義而對衝。此即〈唯識所現的生活〉破解：「世間上的好或不好，歡喜或不歡喜，大多是以自己的心識、印象來認定，沒有一定不變的。」

星雲對著十幾位粥友講經說法，明示「唯識所現」的生活經驗，在我們每天的生活中不斷上演。譬如「情人眼中出西施」，因為你愛他，所以你看他的一切，都是非常美好。美與醜，都在我們的一念之間。同樣的情形，討厭與歡迎，也在一念之間，化解之道亦一念之間。

在大師眼中，于院長不但是政治家，還是位書法家，首倡標準草書，促進書道交流，而仰慕推介謂：「我過去，有他送的很多書法。于右任先生對佛教很虔誠，當年我才廿多歲，對政治人物並不是很瞭解，當時沒想到要留個照片作紀念。」

「那時候，他送我好多字，因為朋友希望得到他的字，我是出家人，不收藏，都送朋友了。」在家居士陸炳文可不同了，庋藏少量于書真跡，僅供于右任書法收藏研究院的同仁研習雅賞鑑定比對用，收購過程之艱難也不是瞎說的，成功全靠協商賣方出了奇招。綜合看以上幾件事例，起造西來寺排除萬難，長鬍子放在棉被裡外，名人字畫收藏與流通，根本不是什麼大問題，順其自然不必太在意，處世講自在亦復如此。

星雲大師
筆字書法

8 觀音像不必遷仰仗一個想像

星雲大師回台北道場後，從十四樓佛堂傳來了禮拜大悲懺的佛號聲。想到一個多月來，道場天天禮拜大悲懺，祈求觀音菩薩降臨，於此同時，七號公園就一直面臨觀音去留的危機。雖然現在已圓滿落幕，但為了讓關心此事的信徒瞭解，特別把事情的發展過程，藉著當天的大悲懺法會，向信徒做一番說明：「觀音像不必遷，仰仗一個想像。」

記得十多年前的某一天，專謁高雄佛光山，在雲居樓吃過晚粥，星雲大師要女立委潘維剛和陸炳文二人先後，分別去隔壁房看看；潘委員速去速回，走出來時不發一語，卻面帶著神祕的微笑，我旋即也探頭入內，幽暗中僅見一盞小燈投射在星雲身上，剎那怔在那兒，一時莫名所以，是否有了分身。

初時還以為是大師遁形，站立相迎，仔細端詳，才知是名家替星雲新塑像，栩栩如生、活靈活現，竟和本尊長得一模一樣；一一回座後，大師才開金口提示，熟識者都說不太像，不熟的人皆曰很像，到底這兩者像不像？不過一個憑空想像罷了！用此來比喻觀音像遷不遷離，還真有得想！該不該大費周章？

這尊星雲大師立像，嗣後被移置雲居樓的一樓大廳安座供人瞻仰，每回經過時均感肅然起敬；後來南京大學一棟由星雲捐建的中華文化研究大樓內，也出現同樣造型者，又讓我想起，那只是一件造像藝術品。一九九四年前後喧騰一時的「七號公園觀音像」事件，就在高潮迭起的中和平落幕，聖像便以藝術品名義保留下來，而居間調停成功關鍵人物即大師。

日前，路過台北大安森林公園，我回想起廿七載之前，此地尚且叫作七號公園預定地，恰好遇上請願的人，他們的活動訴求很簡單：「觀音不要走」，事經漫長的往復交涉、溝通協調，直到三方妥協，圓滿化解爭端，可不簡單。根據當年公聽會，座談紀錄顯示，星雲的發言為：

「感謝（黃大洲）市長堅持，依照稍早發出的公文之內容，將觀音像當成藝術品，永遠留在七號公園，使得今天有這麼圓滿的結果。希望大家從這個事件，學會良好溝通技巧，溝通才能圓滿解決事情。我們不可以把責任推給觀世音，身為觀音菩薩的信徒，應該想方設法讓觀音不要走。於是說了一則『不肯去觀音』的故事，我告訴大家，應該來做鐵蓮花，要把觀音留在七號公園，這是我們的責任。」

陸炳文曾為大師在促成這起爭端不斷「觀音像」事件得以平和落幕，和平收場的過程，早就寫過溝通成功案例。

星雲在座談會中，詰問座眾一句話：「這不就是楊英風大師雕刻的藝術品？你說像觀音，祂就是觀音娘娘，他也許認為是聖母瑪利亞！我看上去卻神似天上聖母媽祖！不就憑空仰仗一個想像？若此像僅係大安公園藝術品，以後我們就不得再在像前行使焚香、膜拜等宗教儀式，各界為此像所作之絕食、請願、演講活動，亦請即刻全部停止。」

至此，重大危機溝通事件之結局敲定，觀音像捐給台北市政府，在大安公園內原地保留，互相抗議得以中止，大眾關懷到此為止，皆大歡喜，功德無量。此一造像作者楊英風則說：「佛教本無相，但一下子談無相，可能感到莫名其妙，為傳教需要，才用佛像代替人。」至於此像神似誰？既在乎神尊法力，又介乎塑像功力，更存乎觀者眼力！

創作佛像流傳海內外的楊英風說，佛像必須超越人的層次，注入佛的慈悲與超脫等抽象意境，在創作上是一大挑戰；佛像是中國美學的「寫意」，而非西方美學的「寫實」，但無論如何，憑空的想像。

我曾在學校課堂上，對此「觀音像不必遷，憑空仰仗一個想像」的簡報點子下了個結論：「出好點子，給好主意；難免也有壞點子，變成了餿主意。簡報若失敗，乃力有未逮，功敗於垂成！但好的簡報，應給個愛的抱抱，事半而功倍矣！智者絕不輕易出手，尤其不會急著出口，星雲大師便是如此這般，終於化解一場宗教爭端，成功解開處世經緯萬端。」

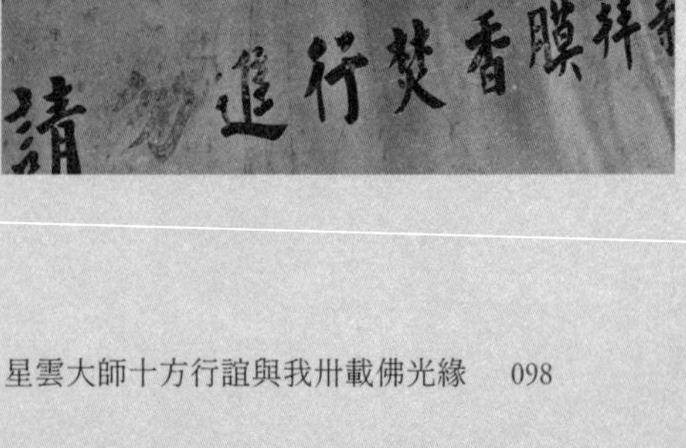
像係屬民間捐贈藝
進行焚香膜拜等

9

百首梵唄歌詞作者五音不全

「對於音樂，雖然我自己沒有天賦，不過我可以請老師幫忙，就如同當校長的人，不一定是萬能，他可以針對學校的需要，邀請各個專科的學者來任教。當時在宜蘭中學裡，有一位楊勇溥先生，他是音樂老師，我特地請他來為歌詠隊上課……不但為我教授歌詠隊的青年男女唱歌，還為我作曲。為了譜曲，他一直跟我要佛教的歌詞。」

「我雖然平時喜歡寫一些散文小品，並不善於韻律，因此未敢嘗試。由於當時宜蘭念佛會，每週都有念佛共修，楊勇溥先生也是每週前來教唱，我們每次見面，他都催促著我，不得已之下，我就試作一首〈西方〉；我將寫好的歌詞拿給他，不出兩天，他就把曲譜好了。於是，我又作了〈弘法者之歌〉。」無巧不巧，星雲大師口中的楊勇溥先生，竟是我在宜中就讀時的音樂老師，就連同為音樂人的包容老師也認得。

佛光會員、在家居士、台北粥友、北宋包公廿九代孫、中華梅花文化藝術交流協會創會理事長包容，邀請陸炳文十一月九日，前往台北市議會大會議室，出席梅花協會聯展開幕儀式並致詞。陸炳文講話第一句，就反問包老師、名丞包公嫡系裔孫說：「記得清楚妳我第一次會面在哪裡嗎？」

沒等她回話，我告訴諸君，二〇〇九年七月間，會見於美國洛城的西來寺，又自問自答：在星雲大師開示的場合，大師謙稱自己一生有三個缺點，一、不擅外文，因為江蘇人的口音腔調重，學習外語不易；二、五音不全，不擅唱誦；三、未曾練字，不擅書道。然而為了弘法的需要，這幾件事到後來，他都「不得不會」，君說神奇不神奇？

陸炳文補充指出：星雲自承外語不好，但國民外交卻一流，溝通用心語和「法語」（非法國話）；又自謙不擅書法，事實上自成一格，每件法書的背後，都流露著「給人歡喜」的人間佛教性格；更難能可貴的是，推動法音宣流，替上百首梵唄歌曲作詞，竟忒謙虛自謂有如音癡！諸君相信不相信？

當我讀過《星雲大師文集》百年佛緣六：6／文教篇二之〈我推動法音宣流〉一文，坦言全靠自我修練：「出家以後，發覺自己有一個先天的缺憾，就是五音不全。對於佛門的梵唄唱誦，由於音感不佳，節拍不容易抓得準，所以學習梵唄、法器就沒有那麼順利。」

「偏偏這方面，不是我所擅長。儘管我是一個沒有音樂細胞的人，每次出堂，總想力圖振作，希望有所改進。後來到了台灣，我於一九五三年，在宜蘭的雷音寺成立念佛會，很多青年聚集而來。單憑我的文學，是留不住人的，必須靠音樂，透過唱歌，才能讓青年人投入佛教活動。」

星雲並不諱言，早期得力於粥會名賢，音樂名家李中和、蕭滬音夫婦等，而首開風氣之先的老歌義唱和教學，更助力組佛光山梵唄讚頌團、開辦人間音緣活動，後來進階成人間音緣梵樂團、《佛陀傳》音樂劇等巡迴演出，形成佛光山佛教音樂正向發展的光榮歷程。

我和台北粥友與有榮焉，不但參與台北國父紀念館佛光音樂會，餘音繞樑，樂猶在耳，還曾有幸邀請佛光山法師到例會來誦唱媽祖紀念歌，由慈容法師帶隊，用音樂弘法慈悲度眾！今天再遙望西來寺，聆聽大師回首他在八〇年代，首次在前往台南車途中，一分鐘神奇完成〈三寶頌〉歌詞，五音不全者，都可以學著，為歌曲作詞，而玩世不恭、處世態度不佳者，也未必不能走回正途，規規矩矩重新做人。

星雲說：「慈惠法師，趕快幫我記下來啊！」就這樣，再找名家譜曲，經常到國外表演，每次帶領梵唄讚頌團，都以〈三寶頌〉作為開場。流風餘韻，影響所及，西來寺佛光合唱團，一九九六年成立後，大師駐錫期間，皆在慈容、慈惠師父陪同下，到寺內梅花園、中文學校教室，聆聽合唱團定期練唱，星雲不少經典之作，音緣妙法教化人心！

A段
♩=72
南无佛陀耶，南无达摩耶，
南无僧伽耶，南无佛法僧。
B段
您是我们的救主，您是我们的真理，
您是我们的导师，您是我们的光明。
A¹段
我皈依您，我信仰您，
我尊敬您，南无佛陀耶。

譜例 7：〈三寶頌〉

10 百萬人百元興學有志者事成

「吳伯雄居士和我，相處如同家人。山上的法務，他可以隨時給我建議。例如，我籌辦大學，他跟我講，現在是開放私校辦學的時候，這是非常吃力的事。辦大學確實是很吃力，但我是一個不願意給人失望的人，凡是為了佛教，我都盡心盡力。不過，後來他也讚歎我的運氣好，說我有願必成。」星雲大師為文，如此形容兩人，亦見興學之難。

十年樹木，百年樹人；說很簡單，事成很難！佛光山創辦迄今五十五載，始終如一的四大宗旨：文化、教育、慈善、共修，其中教育更是星雲大師特別重視的理念，為社會培養有用人才；由於星雲一生，沒進過正規學校讀書、沒拿過一張畢業文憑，故自開山弘法以來，再怎麼困難，說什麼難事，也有志建立佛光山教育體系，始克事竟成世界人類共用！

大師率眾開辦佛學院達四十餘載，不僅建立制度規矩、積極辦學、作育僧才，樹立出家僧伽的形象；而且在社會教育弘法利生的事業上，建設各項的社會福利，攝受廣大的信眾共同來擁護常住、護持佛教。

後者，也就是正規高等教育方面，成就了百萬人百元興學，陸炳文既讚歎，又不無遺憾；至於前者，我曾在佛光山兼過課，歸屬僧伽教育，高雄本山叢林學院，另有推廣社會教育，如同社區大學，則在新北三峽的金光明寺內佛光信徒大學，受到校長慈容法師禮聘，短暫兼課教書奉獻。

二〇二一年十一月九日，台北某個書畫展場，邂逅二十年不見的佛弟子廖招香（法名惟順），來到跟前喊我一聲：「陸教授好，居士慈悲！吉祥如意，阿彌陀佛，招香合十。」旋即合影並向同來出家人介紹：「他是我的老師，在佛光信徒大學專案教育女子書苑。」師姐來會，感恩重逢，又重新勾起陳年往事，佛光山教團沿革景象，歷歷在目，有如昨日。

廖招香從信徒大學結業後，有緣到佛光山台北道場十三樓，擔任知賓（知客）義工，得與負責百萬人百元興學專案的慈惠、慈莊法師經常接近，深知籌辦之艱辛過程有難如登天之感！陸炳文有感而發，透露出當年和佛光大學緣慳一面，不無遺憾心跡。原來一九九二年春間，媒體消息稱：「經濟部陸顧問，行將優雅轉身，回校重執教鞭，或開公關公司。」

某一天，星雲找人約上陸炳文，在台北道場首次會見，二人便關室密談，暢言大師教育理念，初聞一百元的智慧：「我們來效法武訓興學的精神，成立百萬人興學委員會，一個人一個月一百元，大家一起來興學、辦教育。」當其時，作為台灣師範大學校友，我除了讚歎還是讚歎。星雲接著話鋒一轉：「陸顧問學教育出身，可否將就來佛光山？」

我當場有點傻眼，大師要我辦庶務，未來接任總務長，或許佛緣未俱足，不過很快就想到，委婉推辭三理由：個人未取得碩博士，任用資格有問題；核心團隊數人同進退，又將何去何從？性向長期偏社會活動，志趣似乎不在此。二〇二〇年六月，陸炳文造訪宜蘭佛光大學，初登校內建造「百萬人興學紀念館」，斯時有斯人獨悔之意。

面對這裡記錄百萬人興學過程的所有文字和圖片影像，除了慚愧還是慚愧，愧對大師的美意好意。好在經過那回深談，此在天只存在大師和我兩人之間的大祕密，早已由於後來的深交而更感念在心，緣自佛大而緣起蘭陽，緣生佛光才緣結如意；陸炳文雖不敢說「星雲大師和我，相處如同家人」，但大師是我父執輩，星雲絕對不會反對。

處世態度有千百種，諸如：玩世不恭、放蕩不羈、佯狂處事、傲睨一世、遊戲人間、改過遷善、改邪歸正、正經八百、乖孩子等，你我屬於哪一種？陸炳文以為，只要不以消極、玩弄的態度，來對待生活，遲早回歸正路，均屬次佳選擇，沒有後悔問題！

佛光山百萬人興學紀念館

11

佛牙舍利請回台灣建立偶像

「一些異教徒，經常批評佛教，是拜偶像的宗教。確實不錯，佛教不但不排斥偶像的崇拜，反而鼓勵人要有聖賢、偶像的觀念，因為心中如果沒有偶像，如何能『見賢思齊』呢？歷史上，多少的聖賢明君，都是我們的偶像；忠臣義士，也是我們的偶像；甚至父母師長、有德有學的朋友，都是我們的偶像。」

《人間福報》「迷悟之間」，有一篇章〈偶像觀念〉，星雲師面對偶像，大談崇拜偶像問題：「見到佛陀的聖像，我頂禮膜拜；見到耶穌的十字架，我們也給予讚美。偶像是美好的，是昇華的信仰。今日的青少年，因為缺少了對社團領袖的崇拜，缺少了對聖賢偶像的信仰，於是放任自己胡作非為，無法無天，這樣的行為，難道就能成就自己的未來嗎？」

偶像觀念，其實人皆有之。所謂偶像，不在外面，而是建立在我們的心上！外面的偶像只是為了啟發、建立我們心中的偶像，因為所謂的「偶像」，可以讓我見賢思齊！所以佛教是拜偶像的，佛教也是超越偶像的，因為真正的偶像，其實還是我們自己！星雲成了我的偶像之一，也就不足為奇了。

近代中國人偶像之中，陸炳文獨奉前人國父孫中山，今人則尊釋星雲實不做第二人想！心目中偶像了不起，最讓我佩服的地方，不僅在道行有多高，功德有多大這兩點，而是處理世俗瑣事，超凡入聖的淡定感，與夫超乎常人的從容心，孫釋不同姓，在處世方面，竟同具魅力，乃至於功力。

二〇二一年十一月二十一日巡禮國父紀念館，憶昔日佛光山歷史上、一九九八年四月九日，人間通訊社就下大標題，報導星雲指出：「佛牙舍利恭迎團記者招待會，在泰國曼谷世界佛教徒友誼會總部舉行，星雲大師和西藏貢噶多傑仁波切，完成佛牙舍利贈送交接儀式。『恭迎佛牙舍利』，專機今返抵桃園。」

這麼難得的教界大事，臨出發在機場貴賓室，星雲佛珠套上我手腕，象徵著神聖任務交付，大師並沒有多說什麼，陸炳文也沒客套推脫，一切盡在不言中維繫，其間只有淡定和從容、信任和自信存在彼此，牢靠良好默契早建立，心照不宣長達廿三、四載，今天才首次對外公開，感恩戴德中回首前塵。

前於同年（一九九八）四月七日，代表行政院蕭萬長院長，前往桃園國際機場，為佛牙舍利恭迎團送行，眼看協助佛牙舍利，兩天之後請回台灣，心中自在無比快慰；我時任大院參事，兼天下最大組第七組組長，自詡打雜的內務總管承命，其實是受命於閣揆、後來的副總統蕭萬長，出面迎請佛牙舍利，安全來台安座祈福，祕密部署跨部會協調工作。

因為權責單位廣涉內政、外交、交通、國安部門，時機又十分敏感與急迫，遂和國際佛光會前祕書長、佛光山港澳深總住持永富法師，及行政院顧問江碩平三人攜手合作，順利圓滿達成史無前例的使命。請回台灣過程屢現神跡，前後短短不到三週時間，陸炳文再不說不會知道，說了恐怕大家會嚇一跳，其中不足與外人道，居然隱藏四大奇蹟：

一、趕辦證件效率神速：據內政部民政司前司長紀俊臣回憶，「那年四月初，炳文兄負責專案，我為部裡承辦人，兩人在一天內，緊密分工合作下，始能特急件交辦，讓恭迎團二二三人，取得出入境簽證，破天荒史上首次，恐怕也是唯一特例，提辦高速有如神助。」

二、恭捧佛龕感應奇妙：當年代替我隨團服務的、中華粥會前祕書長邵隆美，珍藏一張捧著佛龕舊照，係留影於華航專機上，面帶微笑虔誠服侍聖靈的鏡頭，感應唯妙見者有份，充滿福報因緣殊勝。

三、灑淨神水如降法雨：佛牙舍利龕座下機，先由心定和尚恭捧，為停機坪上一排，華航飛機進行灑淨，頓時下著毛毛細雨，恰如歡迎出現於世間的、第三顆佛牙舍利回台，「鎮山護國」之寶而普降甘霖。

四、陽光普照指引前行：接著假座華航新建機棚，舉行恭迎佛牙舍利法會，陸炳文陪同蕭院長迎入、並請出登上恭迎車隊，前往佛光山台北道場，沿途親睹前導車還大雨如注，搭乘佛牙舍利專車時，卻頂著陽光四射行進，奇特之景令人不可思議，坐在車上身歷其境，金光大道、法喜充滿！

這麼美麗勝景的因緣，這麼清淨莊嚴的交集，如果不是我們人間福報，又相信什麼才是果報！佛牙舍利請回台灣後，受到偶像崇拜現神跡，其實宗教也超越偶像，因為真正偶像的存在，個人內心深處的自信，就建立在大家的心田裡！

都一致讚嘆護持

佛陀的真身舍利

佛牙舍利恭迎團
記者招待會

由國際佛光會
中華總會會長

12

佛陀紀念館佛牙舍利塔祕辛

佛光山佛陀紀念館，供奉全世界僅存三顆佛牙舍利之一，以及各國所贈之佛教文物。而安座佛陀真身舍利之佛牙舍利塔，原是在境外裝箱起運來台，由一位與佛光山有緣的人陳世英，國際知名藝術大師恭迎至佛館，終於功得圓滿完成佛教史上殊勝，而從未公開的祕辛在此首次曝光。處世一般有兩點，要特別留意：一、高調做事，低調做人；二、禍從口出，病從口入。因此，良心建議，調門定、謹慎言行；口風緊、保守祕密。最好如此，以防脫線。

我於千禧年赴澳洲雪梨南天寺展出如意，兩年後轉往洛杉磯西來寺展示書畫，約在三峽金光明寺聆聽大師開示，乃至齊赴高雄佛光山寺進香問訊，到行政院長會客室接見交談裡，與星雲大師接觸過程中，皆有過多次錯失及時解密機會。

日前高雄收藏家突發一則訊息，附帶傳來珍藏了十年的老舊照片，於是起心動念，願把經歷奉獻給所有台灣朋友，佛館啟用幕後推手已然遠去，最後一眼便心願完了終告解封，十二月十三日我再度回山仰望朝拜，良堪告慰陳大師一切安好如初。

一枚實名「佛牙舍利護持委員」貴賓證，促使陸炳文攜內子陸史瑛，首於二〇二〇年四月九日，專謁佛光山佛陀紀念館，為她廿二載之前同日，樂與至尊佛牙舍利歡喜同機返台還願，但我卻找不到佛珠手環可戴，就是那串可憑弔過去沒有留白，且為星雲大師隨身多年的菩提子手環。

記得就在桃園機場貴賓室，送機坐在我身旁之際，在聊天中大師的佛珠竟易了主，套上我手腕套牢我心受之有愧，卻之又不恭；此後在多次場合會見，星雲總是念念不忘問，結緣品有常帶身上否？別名無患子一念三千，幫助修行菩提子聖物，串起來用做佛教念珠，念一遍有很多倍功德，尤其是被佛加持過者。

一九九八年十二月十二日，台北松山火車站內人聲鼎沸，但在一旁的佛光山寺台北道場，卻是肅穆清涼地舉行一場法會，即「恭迎佛牙舍利南來」啟程儀式，為來之不易的佛陀真身舍利，暫厝台北供奉八個月，劃下圓滿句點，改由專屬的台鐵列車請回高雄，佛光山本山大樹鄉、即今大樹區，計畫好建設一座紀念館供養，以便永遠供人瞻仰禮拜。

是日儀式中，大師走向我，仍不忘問一句，佛珠戴在身上否？陸炳文幾乎無地自容，因為尼龍串繩斷掉，坦承未修已數日沒帶，說也奇怪，正是覆命找不到建地的那天，魚線斷了，大小一模一樣的堅硬菩提子散落滿地，似乎有什麼不吉之兆，這跟找地有關，到底要找一塊什麼地？

原來之前我再次追隨蕭萬長院長齊赴台北道場禮佛，星雲當面表明心跡，為安座佛牙舍利需要，希望仍然交代我私底下幫忙，在北台灣一小時車程內，設法找一處風水寶地，籌建一座「佛牙紀念館」，好讓南有本山，北有新館，如此一南一北，因緣俱足。可惜嗣後新竹、新北和基隆，看上的三處，三方都談不攏而告吹，從此菩提珠緣滅矣！

「所幸天無絕人之路，大高雄佛光山毗鄰的擎天神，亟欲割愛閑置土地，一拍即合情況下，時機亦告成熟了，『佛陀紀念館』建築群，便在二〇一一年底，經海內外護法信徒們大力護持下，萬緣共造於佛光山麓今址落成，眾所矚目的佛國淨土新地標，期待漸替台灣社會帶來和睦，也為世界人類和平帶來曙光。」陸炳文二〇一五年首謁佛館直言。

此佛陀紀念館預定地，南下始末若要話從頭，最初則緣起於一九九七年，來自印度的貢噶多傑仁波切。早歲大陸的文化大革命如火如荼時，西藏的囊極拉齋寺遭紅衛兵摧毀，貢噶多傑仁波切善緣好運，在破垣殘壁中喜獲佛牙舍利，為守護此一至寶，歷經艱辛長途跋涉，先奉迎回印度，並經多位高僧認證無疑，也一再規勸興建佛塔供養事才圓滿。

然貢噶多傑仁波切年事已高，時值一九九八年二月緣生，大師恰在印度菩提伽耶傳授佛陀戒法，旋與一、二位仁波切聯名，將佛牙舍利轉贈星雲，咸認獨具胸懷法界眾生的宏願，必能允諾使正法久住，只有安座寶島台灣，才可望再讓舍利重光，這麼一件美好的事情，得以利益眾生有福，瞻仰到佛陀真身，有如親炙佛舍利、佛牙、佛指等佛陀遺骨，至盼因此真靈驗，清和平安福盈門！

13 法門寺地宮佛指借展結奇緣

佛指舍利是佛祖釋迦牟尼的手指骨，埋藏在陝西省扶風縣法門寺逾千年，直到一九八七年被考古學家發現，是全球僅剩一枚的中國大陸一級國寶。法門寺佛指舍利於戰國時期，由西域傳會中國，唐代帝王包括唐太宗，極為尊崇佛法之象徵法物，史上曾有七個皇帝，六迎佛骨供奉。

大家都知道，大陸十年大動亂期間，法門寺的和尚為保護佛指舍利，不惜自焚以阻止不良分子挖掘破壞，才把寶物給成功護持了下來。國父孫中山先生一五五歲誕辰紀念日，十一月十二號專謁台北國父紀念館，聯想起星雲大師講到佛法真義之四法界，必定引述國父對平等的卓見謂：

孫中山先生提倡革命時，曾對世界發出「以平等待我之民族」的宣言。但世間真的能做到平等嗎？如何才能真正平等呢？在勢利權威的前面，有理的小民，能爭得平等嗎？我認為大有疑問。星雲自己釋疑說，當初佛教教主釋迦牟尼佛，也倡導平等，想要打破階級制度，因此提出「百川入海，同一鹹味；四姓出家，同為釋氏」的平等觀。「願將佛手雙垂下，撫得人心一樣平」。大師發心從陝西西安法門寺，借展地宮佛指舍利用意在此，陸炳文也就是去勘查，竟與古剎結下奇緣，始有「法門寺海峽兩岸書畫名家和睦共處座談會」、和「法門寺海峽兩岸書畫名家筆會暨四方合作協定簽約儀式」問世。

二〇一三年四月二日，上開兩項交流活動，於法門寺舊院如喜如願舉行，陝西省佛教協會副會長、法門寺監院、法門寺佛學院副院長智超法師，代表寺院住持學誠大和尚致歡迎詞，並介紹了法門寺概況，強調：「地宮內深藏不露的佛指舍利，二〇〇二年寶藏首應台灣佛光山開山宗長星雲大師禮請，佛指舍利安然翻山越嶺、遠渡海峽赴台繞境全島。」

當時我代表全球粥友參訪團講話，表示今有緣親歷地宮祕境探寶，稍早也領先全台信眾一步，曾受邀到台北台大體育館，瞻仰參拜佛指舍利，就虔敬合十祝禱：「風調雨順，國泰民安；兩岸和諧，世界太平！」前兩句，為古往今來中國人，崇高的祈福語；後八字，乃出自人間佛教倡導者、星雲崇尚的祈禱文。更重要的佛俗因緣，就是來法門寺實地瞭解大師，成功不居的可貴平等心。

關於平等對待，事情經過如下，僧俗二眾偕同參觀擁有將近一八〇〇年歷史，並被稱為關中塔廟始祖、世界公認的第九大奇蹟。在認識與景仰之外，還無意間得知星雲交涉借展謙讓之風，才成就佛指舍利來台巡禮的盛會，但雙方必須秉持商議的原則：「星雲簽頭，聯合迎請，共同供奉，絕對安全」，仍公推大師擔任主委，統籌活動全般事宜。

接著，由學佛會會長悟明長老、法鼓山聖嚴法師、中台山惟覺老和尚、慈濟證嚴上人以及佛光山心定法師等數十位諸山長老、高僧大德的聯名簽署下，成立台灣佛教界恭迎佛指舍利委員會董其事。諸事俱妥，我才把成行歸諸平等對待，一視同仁之功，統合各教派山頭，都樂於參與盛事。

星雲著傳記類／釋迦牟尼佛傳三／〇五二附錄二佛指舍利／一二七佛指舍利蒞台緣起中，大師自稱：「一九八九年四月初，前中國佛教協會會長趙樸初居士，邀請我到西安法門寺，瞻禮佛指舍利。親見佛身，我的內心激動無比，深深地感受到福德因緣，結下奇緣殊勝不可思議。這樣歡喜，不忍獨享，期盼佛指舍利能到台灣巡禮，讓寶島的所有人民、所有佛教信徒，也都有緣共霑法喜。當下即向趙樸初居士表示，希望以台灣佛教界名義，將佛指舍利恭迎至台灣，讓民眾瞻仰禮拜。（取材自《二〇〇二法門寺佛指舍利蒞台灣實錄：千載一時》。）」我針對此舉，自比稍早佛牙舍利迎請留台，同寫宗教文化交流華麗新篇章。

恰到好處的處世哲學，為我們鋪平成功之路，細數成功者莫不如此，均有自己的做事原則，不能做的堅決不能做，能夠做的堅持能做成；關於佛陀真身，迎回佛牙舍利，借展佛指影骨，大師不就是這樣，勇往直前做到！

法門寺海峽兩岸書畫名家筆會
暨四方合作協議

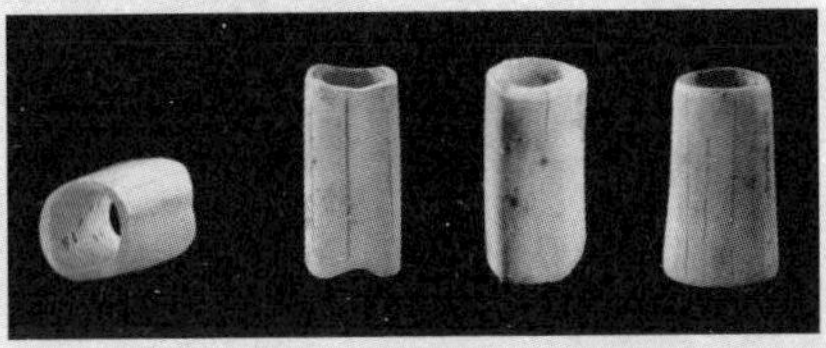

弘揚中華文化
促進兩岸和諧

merit-times.com

人間福報
The Merit Times

2020年3月31日 · 星期二 庚子年三月初八日

【本報台北訊】「一鍋粥來大家熬，我是你的手中勺，雅集用藝文配糜，掌鍋人得兼捏瓢。」這首打油詩道盡歷史悠久的文人雅集，「中華粥會」慣以藝文配糜，習用詩歌佐粥的人文雅趣。一項定名為「粥集在台五十周年特展」的藝文作品欣賞，即日起至二十九日在台北

輯二

無畏

14

自況不會寫字自創一筆字書

星雲大師一筆字，正是因禍得福代表作，《星雲大師一筆字專刊》，二〇〇九年十二月十八日，隆重地揭露一筆字的因緣：大師罹患糖尿病，四十餘載，致近年視力模糊，但依舊揮毫不輟，並憑藉「心眼」和「法眼」齊用，成就獨門「一筆字」書法絕學。

星雲一筆字書法巡迴展，是日起在佛光緣美術館台北館起跑，大師特別撰稿自敘心情和期望：「二〇〇九年的年底，徒眾如常法師為我舉辦了『一筆字書法展』，在世界各地巡迴展覽，說起這個因緣，還是拜疾病所賜。對於寫字雖不是完全外行，總不能算是會寫字的高手。即使不算高手，能寫一手好字，無畏表現使然。」

二〇二一年十一月十三日陸炳文以師長身分，應邀重返世新大學如同回家，列席校友總會第六屆第一次會員大會並閑話家常，陸炳文二話不說，當眾表彰我校創辦人成舍我曾獲第一屆「星雲真善美新聞貢獻獎」之「新聞典範人物獎」，而引以為榮。

再看設立此一獎項的公益信託星雲大師教育基金，海報印上大師寫字之神態，一筆不苟，毫不含糊，投入且專注，更引以為傲。話只講兩分鐘，卻費數十年功；一手好字也這樣，數字何止數年功？大家又會怎麼來看星雲一手法書，尤其是近年獨具匠心的一筆字，理解大師自況不會寫字的意思？

知名書法家杜忠誥教授，就如此評價一位業餘書法愛好者字，既客觀又中肯曰：「拜觀星雲大師晚歲擅寫的『一筆書』，沈厚酣暢，一片神行，頗有人書俱老，所向無空闊的大自在境界。」今受託於我求但憑專業，快筆的點評實大快人心！

陸炳文雖為一文字工作者，有自知之明字寫得並不好，可是看過名家名人的好字，半世紀以來真的可不算少！我曾人前人後都說，塞翁失馬，焉知非福，星雲大師的一筆字，就緣起於因禍得福。

記得二十多年前，我呈過一柄如意給大師為祝壽禮，也獲回贈「十方如意」，四字寶放下自在，沒多久就轉手送人，被問後悔不後悔？現在若說不後悔，一定騙人不足信，然而能讓人歡喜，又何樂而不為呢？星雲嘗自我勉勵：請不要看我的字，請看我的心作書，書作給人歡喜心！

常言道，眼盲心不盲；我卻要說，人眼眇心不眇，照樣有大氣、更有雅量接納，包容萬事萬物！眼眇者一手好字，在星雲前有狄膺（君武，五四健將，台北粥會首任會長），他倆同樣不光是用筆頭，沾墨汁寫字，而係用心筆手觸法來書寫「眇體字」（陸炳文的書法結體歸類），亦即世稱「一筆字」、「連筆書」及「一筆書」。

大師學寫書法歷史，溯自早期剛到台灣，雖然沒有寫毛筆字，但是因為教書的關係，要在黑板上寫字，也因為要編輯雜誌、寫文章，常常要寫鋼筆字（早期還沒有原子筆），《釋迦牟尼佛傳》、《玉琳國師》，當初的草稿都是由沾水鋼筆寫成的，到現在還存放在佛光山宗史館裡。

至於一筆字自成一體，如何使用心筆手觸法，借大師法語自述：說起提筆寫字的因緣，大約是一九八〇年代，當時在台北弘法，住在普門寺，閑來打發時間，日子久了略有精進；直到那年五、六月間，我在佛光山，因為眼睛看不清楚，不能看書，也不能看報紙，那做什麼事呢？想到一些讀者經常要我簽名，有些朋友、團體也會要我替他們簽署、寫字，「那就寫字吧！」

二〇一八年九十二歲的星雲，久因四十多年糖尿病，導致雙眼幾乎失明，雙手顫抖，甚至不良於行。之前大師眼睛逐漸看不到，「只能算好字與字之間的距離，有多大的空間，一沾墨就要一揮而就。如果一筆寫不完，第二筆要下在哪裡，就不知道要從什麼地方開始了。只有憑著心裡的衡量，不管要寫的這句話有多少個字，都要一筆完成，才能達到目標，所以叫一筆字。至今過去了十幾年，雖然作書不是完全外行，總不能算是會寫字的高手！」

星雲始終不改本質特性地謙稱，也坦言一身是病但不改樂觀本性：

「我這一生一直以病為友，五十幾年前，因為宣導影印《大藏經》，把腿子壓壞了，醫生說恐有鋸斷之虞。我當時心裡想：失去雙腳，正好可以專心寫文章。後來，心臟出了問題，我也想，正好體會『人命在呼吸間』的可貴。四十多年前，我因過度的飢餓，罹患了糖尿病，數十年來，倒也相安無事，只是這些年來糖尿病引起的併發症，使我的視力逐漸減弱，甚至人事物漸漸模糊看不清了。經過美國明尼蘇達州梅約醫院的診斷，說我受了糖尿病的影響，眼底完全鈣化，沒有醫好的可能了。」

今歲陸炳文特地在此虔誠地默禱，祝福我星雲大師，古諺語吉人天相，健康平安準無事，米壽八十又有八，再加上廿成茶壽，多吃粥多喝好茶，正如我陸氏先祖、放翁賦詩〈食粥〉說：「世人個個學長年，不悟長年在目前，我得宛丘平易法，只將食粥致神仙。」你我終日快活賽神仙，一百二十歲絕對沒問題！

请不要看我的字，请看我的心
星云大师如是说
Please look beyond my words, and see my heart.
By Venerable Master Hsing Yun

觀自在

15

和尚打籃球被視為佛門異類

「我對運動的愛好，最初在學院打乒乓球，但乒乓打起來不夠刺激，後來改約在黃昏人稀，到山門廣場打籃球，懂得籃球的規矩以後，對於打籃球，就更增加了興趣。」星雲大師在人間系列，〈我與體育運動（上）〉文中，如是樂此不疲說出迷上籃球的始末。

佛光大學女子籃球校隊，二〇二一年十一月十二日在台灣科技大學體育館，一一〇學年度UBA大專籃球聯賽、公開一級賽事首日壓軸賽中，技高一籌，以六七：五六，力克占有主場優勢的台科大，旗開得勝；運動員出身陸炳文、運動健康休閒學者杜正雄、「三好體育協會」首任會長賴維正、「佛光小編」陳雨彤等球迷，均高高興興在場，一致替佛大加油。大家心裡想的幾乎都一樣，星雲大師聞訊一定很開心、很歡喜佛光人，天下無難事，只怕有心人。

理由在於大師宿願得償，二〇〇九年佛光山成立「三好體育協會」，以「做好事、說好話、存好心」的三好運動為主旨，來推廣全民體育活動，經由各項運動競技，來接引青年學佛，指日可待；然而，陸炳文想得更多、更遠，因為星雲還是小和尚時，打籃球曾被當成異類，而被佛學院勒令退學，差點遭逐出佛門的憾事，但從獲勝掌聲中已視為平反。

有一回聚會，意欲傳承光大宗門，在臨濟宗佛光山傳燈樓，大師給佛光弟子、在家居士傳法、講授日課，我聆聽言及過往：「在佛教學院念書，就提倡打籃球，但打籃球給老師看到，是會被開除的，卻寧可被開除，還是喜歡打籃球。後來到了台灣，教書之餘，就是提倡打球，但是台灣的學生不敢打籃球，甚至我拿球給他，他就往後退，讓我覺得很遺憾：過去做學生，老師不准打球；現在做老師，學生不敢打球。」這怕什麼？

今天再拜讀大師鴻文〈在球藝中學做人〉，印證先前所言不虛，進而直覺當前學子有多麼幸福，佛光子弟尤其有多幸運，有書讀、有球打，甚至未來出路皆有保障。那是時間二〇〇四年三月十六日，地點也就在傳燈樓梯形會議室，星雲面對普門中學女子籃球隊職員的開示：「我們的人生要多采多姿地活下去，就像我們的生命，要靠讀書、修養、道德或是宗教情操來豐富；我們的興趣、健康，則要靠運動來鍛鍊。」

「我是非常熱愛籃球運動的，……。三十幾年前，我在佛光山發展，乃至在全世界各地建寺廟，均因建了一個小小的籃球場，和一百多個學生一起打球，而覺得特別歡喜……。我們普中女子籃球隊，有什麼優厚的條件？打球是年輕的時候打，人的生命是一生一世的，球員在球場上為團體爭光，為國家爭光，到了力量用完，打球年齡過去，就沒有人聞問，這會讓體育界的優秀人才感到灰心，他們皆看不到未來。」

「佛光山的女子籃球隊不一樣，我們是一個有理想、有未來的球隊。比方練球，希望每年至少有一、二次到韓國，或是美國、日本去打球，與不同國家的人以球會友。所以我們不只是台灣的球隊，我們未來是一支國際性的球隊。……假如我們的女子籃球隊將來成功，可以跟國際佛光會合作，把我們球隊帶到全世界去，樂於以球廣結善緣。」

以上賽事球場所見，面會星雲當場所思，鴻文內容當中所讀，陸炳文從中一再領略到，在球藝中學做人的道理之外，乃至體會出今後的希望，包括：大至籃球運動蓬勃大發展前景，中為普門中學、佛光大學籃球隊戰績大前程，小到小球員們事業遠大前途，如同大師篤定保證，「只要你們有條件，絕對不會辜負你，一定給你成長。」無所畏懼，誠哉斯言。

球員的出路和願景，大師設想得真周到：在全世界五大洲，一、二百萬個大都市當中，都有佛光山的寺廟，例如：美國的洛杉磯、休士頓、紐約、芝加哥、加拿大、多倫多、溫哥華；歐洲的巴黎、倫敦、柏林、西班牙、維也納；非洲布朗賀斯特市、約堡、剛果……，都有我們自己的道場，雖然不是很大，但這是我們的家。我們也不只是打球而已，往後不想打或打不動了，很多地方很歡迎你、在等著你加入，如：

人間衛星電視台、《人間福報》、文化出版社，只要你有文采，可以在我們的文化事業服務；你有口才，可以在我們的教育單位做老師、教授，甚至幫助你繼續深造，到國外留學，如果你還有其他的本領，可以到全世界創造事業，我們有國際佛光會可以提供資源。佛光會已成為「聯合國非營利組織」會員，台灣政府沒有辦法做到的，我們都可以做到。以佛光會的資源，幫助我們走出去，走到世界各處去。

佛光盃
15
97

16 事母至孝奉養天年傳為佳話

星雲大師談起母親：「她要我們目中有人，心中懷有眾生。」這就是講「彼」字，〈我不是「呷教」的和尚〉一文稱，母親一生中，有件最得意的事情：一九九〇年，來到她兒子創建的台灣佛光山，在兩萬人的信徒大會上說：「過去觀音菩薩，在大香山得道；我則希望大家，在佛光山得道。愧彼贈我厚，我沒有東西給你們，只有以此饋彼，把我的兒子送給大家。」星雲大師不怕人稱「吃教」，只怕人家不知道自己「做和尚」。

大師曾在洛杉磯西來寺的佛殿宣講佛法，陸炳文則在一旁洗耳恭聽：「有一次也是在西來寺，我講《金剛經》，不知道母親就坐在後面聽，等我下來了，她批評我講得太高深了，怎麼可以告訴大家『無我相、無人相、無眾生相、無壽者相』呢？『無我相』倒也罷了，如果『無人相』，心中眼中都沒有他人，沒有『彼』，還修什麼行呢？」

「聽了母親這一席話，我啞口無言。同時也領悟到，母親堅持要『有人相』，正是我努力推行人間佛教的註解。母親隨時為我們說法，可以說她是一部人我之學《「彼」學》、或

《人學》的經典，她要我們目中有人，心中懷有眾生，所謂人云亦云。」

當時陸炳文正仰望著堂上一副一九九九年李自健繪製的〈慈〉，畫中主角是星雲母親李劉玉英老奶奶以聽眾身分直觀星雲，而我乃孝順大師忠實聽眾。今在台北自宅回視童年與母親的合影，反躬自省捫心自問，此生有孝而順「彼」否？

有一天日子好，我南下佛光山拜見星雲大師，呈上祝壽禮物，《陸炳文的兩篇論文》乙書，其中一篇〈許慎與丁福保／請問貴姓〉（二〇〇六年出版），大師特別感興趣。我們還立刻當著老友許家璐（《說文解字》學專家）的面翻閱，自稱曾為上海粥會（成立於一九二四年）創始人寫過《丁福保傳》，當作第三類教科書，傳記指出：「丁福保由於其兄與吳稚暉、陳仲英相友善，故亦常追隨諸先生後，飽聞吳先生等，縱論學問文章，得益良多。」

那天我才察覺到，星雲早歲的自學、自修也能飽讀詩書，對照《迷悟之間七》中〈生活的情趣〉大作，再度提到粥會精神導師吳稚暉所強調守道守德的堅持，特別舉出今古之間的三個堅持事例：近代吳稚暉堅持的，絕不在政府裡求得一官半職；媲美古代陶淵明堅持的，不為五斗米折腰；另有嚴子陵堅持的，不做漢光武之臣子。智者不惑，此之謂也。

孝順的星雲大師小結：凡是好的，我們希望世界人類都能堅持；凡是不好的，我們不能順之，希望大家也能放棄。忠臣孝子，也都是靠著自己的堅持，才能成為忠臣孝子。星雲尚且順著母親的告誡：「一個人要知福、惜福，才能有福。福報就像銀行存款，不可隨意花用。」大師信守終身堅持知福、惜福納福，儲存福氣，至今不改其志，原因在此。

陸炳文受教了，大膽接話回應：當年台北粥友支助翻新吳稚老在江蘇常州武進的雪堰橋故居內部裝修階段，我們堅持把象徵至孝篤親事母、卻無法頤養天年之跪母石保留下來，不得順手拋棄，恰是奉行此意，雖說舊石破皮，照樣視同寶石，妥善存藏留念。

星雲作《迷悟之間》〈造字篇〉文曰：中國造字很有趣味，例如有人問吳稚暉：「為什麼叫『波』？」他回答：「水的皮。」又問：「為何叫『坡』？」他說：「土的皮。」由此而推，什麼叫「被」，就是衣的皮，用布衣做皮，就是「被」；人為什麼會「疲」倦？因為生病，從皮膚的顏色就可看出端倪。我以此類推：什麼稱之「破」？石頭的破皮，故外貌不揚，跪母石固然皮相不佳，可是內蘊飽含深意，精神價值超乎想像！

過去人們常講，誰很皮，很不乖，皮小孩，調皮搗蛋，然而長期觀察下來，這種人並非不孝順，長大後也不一定會不長進；所謂孝者不外乎順，聽他人良心的話也。古有明訓，自己的孩子，有時候也最難教導、不容易教得好！易子而教易成，勝於教子有方。

吳稚暉一生不願出任公職，但蔣中正一直對他禮遇有加，甚至讓自己的兒子蔣經國跟隨他學習，等於平民做帝師。亦即吳先生的韜光養晦，並無損於他的潛德幽光。此即易子而教的成功實例。

陸炳文總以為，星雲正是這樣的皮，只在表相，表面上看，活潑外向，但大師不只想到自己，相對於此（本人），還有她（他）、別人的存在，用一個字來形容，那就是從彳字部首、亦即雙人旁皮字「彼」，「對此稱彼也」（《玉篇》），「知彼知己」（《孫子．謀攻》）。這就是星雲孝順母親，順從母親講求「彼」字，得以走出皮相，走向「彼」岸、浪子回頭金不換的成功處。

A few months later, through the introduction of Mr. Wu Chien Hsiung, a young man brought his pai to Hsi Lai Temple to portray me with oil painting. Page by page, I began to flip through a painting album which brought along. The album collected his past works. When the painting entitled "PREGNANCY" again came into my sight, my heart was then filled with extreme surprise and joy.

跪母石

17 著作等身出書旨在求善美真

據非正式的統計，星雲大師迄今出書，總數接近四百冊，可以稱得上著作等身，探究其肇因，不外乎三個：一、自強不息，止於至善；二、多姿多彩，臻於至美；三、天人合一，歸於至真。出書旨在，求善美真，看似簡單，其實不易。

另悉，大師著作總覽，始自一九五三年五月《觀世音菩薩普門品講話》（作者：森下大圓／譯者：星雲），迨至二〇一六年五月，六十三年間收入《星雲大師全集》大部頭書中，三六五冊、十二大類別、三千多萬字，五萬篇條目，加上之後到二〇二〇年五月，有案可查者廿六冊，望之興嘆！

二〇二一年十一月十四日，台灣師大工教系五四級六〇重聚雅集，在師大校友會館舉行，老同學周談輝問我，每天早起的寫作動力？陸炳文答：自強不息，但只此還不夠，要像星雲大師那樣，勤於筆耕一甲子永不懈怠才行。在座同學施純協，鑽研《易經》數十載很清楚箇中道理。《周易‧乾》：「天行健，君子以自強不息。」星雲藉此動力，觀乎人文，言之成理，體貼止於至善，追求文明境界，下筆如有神助，快人快語善文。

暢銷書作家戴晨志，出版的書籍至今五十餘冊，海內外總銷量（包括台灣、馬來西亞、新加坡、香港、中國大陸），約五百萬冊；十幾年前，大師出書找過寫序，作家誠惶誠恐說，他何德何能，且以他出身基督教家庭的身分，恐怕也不適合，不料回答一句話，讓他至今記憶猶新，曾跟陸炳文分享，星雲一句金玉良言：「多彩多姿，就是至美。」

至於第三要至真，正如大師所云：「揭櫫『同體與共生』，不但合乎真理法則，更富有時代意義。」「同體共生」，一方面合乎「天人合一」，再方面更體現「易佛一家」，達到易理與佛學的融通，有助於真誠反映在文章上，亦有利於真實反映到建築，而參透下蓋成佛陀紀念館。

開山宗長星雲大師，開創佛光山已逾半世紀，其宗旨在於如何大量著書立說弘揚佛法，又如何從荊棘叢生中走出一步一腳印，目前在全球一七〇多國家拓植佛光會，更成功建造出佛陀紀念館，實質達到了大開普渡、道濟天下的利樂眾生，這般宛如周易從屯卦，到比卦的開易開道階段。慧者不傲，星雲做到。

如此從屯卦的剛柔始交，而難生成的創業維艱，到現在比卦五陰親一陽，「易佛一家」的親愛至誠，讓世界進一步認識到真實台灣，同時讓台灣一隅走向大千世界。因緣際會，始有今日，來之不易，彌足珍惜！易經四四卦姤卦，主談因緣，陰陽交合，剛遇中正，天下大行。

日前行上成佛大道，左右八塔如同易經八卦，八卦爐中起祥煙；每塔有七層，為易經二十四卦復卦「七日來復」。七代表佛陀降生所踩之七朵蓮花，不脫易經內涵；而菩提廣場兩旁十八羅漢，乃四正卦乾坤坎離所合之十八，四隅方兌艮巽震所合之十八，行進間很容易，參透心法及佛法，重播大師為弘大佛法，出書質量均冠絕一時，值得易家人閱讀學習。

然紙本因電子書風行，新媒體融傳媒又壓境，與時俱進已成新話題，座中同學李榮仁見解，圖文傳播似不合時宜，唯今之計，陸炳文拋出了創意易學發展四步驟：用、查、記、懂，及三個初步構思：人類智慧的結晶↓人工智慧的開發↓人間佛教的融合，互期給予更好新發想，並加強精緻化以符初心，大師易法在人間留傳，落實易佛本是一家親。

雷音寺民眾圖書館

如意雙手
公關與危機處理
商周出版
台灣公關教父
陸炳文 著
個人危機管理36心法
【台灣公關教父】
陸炳文
THE COMMUNICATION MASTER
溝通勝手
公關危機破解100招
台灣公關教父 陸炳文

星雲大師全集
Complete Works of Venerable Master Hsing Yun
共365冊、12大類、3000餘萬字、5萬條目
《全集》十大特色
一、是全球華人作家中‧文類最廣著作最長的全集。
二、是古今全集編印史‧包含書法圖影的美學專書。
三、是中華文化精粹體‧佛學與文史哲融和的彙編。
四、是千年佛教歷史體‧從人學到佛學的百科全書。
五、是學佛信仰過程體‧認識佛教真義的實用寶典。
六、是出世與入世圓融‧內修外弘兼具的最佳教材。
七、是集結一切諸法義‧專論小品皆備的佛學叢書。
八、是人間佛教弘傳上‧理論實踐兩者合一的紀實。
九、是涵融經律論佛典‧體現一代時教的無盡藏海。
十、是超越時空與人間‧回歸佛陀本懷的示教利喜。

18 鄉音重弘法講經反而有韻味

星雲大師從不否認，天生就江蘇口音重，自己認為是一缺點，卻不會有溝通障礙，反而弘法時鄉音重，利生好聽富有韻味。嘗打比方無礙溝通，昔日太虛大師門下，第一佛學泰斗的芝峰法師，佛學造詣很高，口音也很重，自承為一缺陷美，只要口齒清晰，並不會影響到瞭解。布施無畏，正是此謂。

大師一九二七年打從娘胎出來，就接受揚州一帶濃厚方言薰陶，一九三八年隨母至南京尋父時，十二歲在南京棲霞寺，由住持志開上人披剃為僧，法名悟徹，號今覺，自號星雲；星雲二十三歲參加僧侶救護隊，隨國軍來到台灣，身分不是軍人，這一生沒有拿過槍，沒有打過一發子彈。

四十一歲於高雄創辦佛光山，至今（二〇二一年）出家八十三年，從小沙彌到老和尚，孑然一身到弘法五大洲，始終不忘受戒初心。帶著濃重口音的江蘇國語，星雲既聽不懂台灣話，如同鴨子聽雷，又不會講外國語，卻到處傳教通行無阻，宣揚正信法音，流淌到三千界，傳遍世上各地。

我不諱言最近五年，大師健康有點狀況，行動不大方便，但口才仍是便給，凡事盡量給人方便，一生際遇有如偈云：「心懷度眾慈悲願，身似法海不繫舟，問我一生何所求，平安幸福照五洲。」大師在台佛教界諸山長老中，是最早使用輔助教具的講師，如用麥克風影音放映等設備。

初時還有人大加反對電器化，理由為講經叢林法則為小眾，一對一或對數人，哪裡有此一需要，大師一句基督教早已如此做，而令反對者啞口無言，且回過頭來仿效。由於口音較重，現場受眾又多，為避免聽不清，總有弟子在一旁，通過投影將宣講內容，快速轉換成為字幕。

此舉效果良好，不在話下，貴在特色口音，很有味道。星雲為此舉過拿破侖為例，他的孫子形容自己爺爺，曾經以矮小身材指揮著千軍萬馬，用帶著泥土芳香的法語，發出威嚴的命令，頓時感到自己身材雖小，同樣充滿大能量，講話時法國口音，也帶著幾分高貴、和懾人心魄威嚴。可見大師鄉音重，還極具群眾煽動性，韻味十足更有前例在。

佛光山人間社二〇一四年四月，以〈鄉音滌心星雲大師鎮江談夢想〉為題，圖文並茂新聞報導：「一絲無改的鄉音，言語有如山泉清流，澄澈見底，懾受在場所有聽眾的心靈。」因此為佛光開山寮特助慈惠法師，例來負責傳譯，等於複誦一篇，不但不會多餘，更加深聽

者印象，

是日天公不作美，戶外飄雨，然而鎮江體育會展中心裡，可容納八千人，座無虛席，大家聽講熱情絲毫不受天候影響。這是大師在大陸公開舉行的公益講座中，聽眾人數最多的一場，題為「看見夢想的力量」，顯見這種力量大，大到可以彌補小缺點，講者自稱的缺陷口音重，慢條斯理講經弘法，特殊語音特別有韻味，鄉音十足鄉長忒歡迎。

如果有緣遇見同鄉，鄉音未改尤受歡迎，相同口音讓人懷念，我回福建古田老家，方言交談倍感親切，欣慰之餘帶著感恩。當年渡台各省人士，南腔北調各有特色，過往眷村竹籬笆內，湖南話河北話都有，廣東腔陝西腔俱全，共同鄉音有認同感，倘若去除省籍情節，包容異己展現風度，對於促進社會和諧共處，何嘗不是一件絕佳好事？方言國語都不足畏，只怕有人操弄作祟！

佛教聖歌選
Experience once again those good old days.

弘法遍全球

19

三好運動結合好人好事表揚

星雲大師倡導「三好運動」，一貫主張的三個好：「做好事、說好話、存好心」，是要把台灣佛教帶向現代化、生活化、落實化、普及化，小結為四化，大功德一件，而真正禪意，走入了人間，大無畏精神，讓好人出頭、好事傳千里，美好又圓滿，從此佛法將在世間深耕，可望廣為留傳直到永遠。

大師在《迷悟之間》一書，早就寫下一文，題為〈三好信條〉：由佛光山提倡，行政院推動的「三好運動」——做好事、說好話、存好心。佛教講，罪業的來源，是從身口意三業而來；修行用功，也是從身口意三業修起。做好事，舉手之勞功德妙，服務奉獻，就像滿月高空照；說好話，慈悲愛語如冬陽，鼓勵讚美，就像百花處處香；存好心，誠意善緣好運到，心有聖賢，就像良田收成好。

星雲倡行此一「三好運動」，跟行政院又有什麼關係？原來廿三載之前的四月十一日，佛牙舍利奉迎到台北，在中正紀念堂廣場，八萬人從全台各處聚合。那一場「恭迎佛牙舍利顯密護國祈安法會」上，蕭萬長院長親任大會主席，行政院團隊全力擘劃一切事宜，並準備貫徹蕭院長致辭所說：「有感於當前社會許多脫序現象，乃發起心靈改革運動，希望結合社會力量，找回良知、重整道德，特別借重宗教潛移默化的功能，安定社會、淨化人心。」而允諾承擔推動「三好」重責大任。

此即大師手札記載：「一九九八年四月，我在中正紀念堂恭迎佛牙舍利來台祈福的法會，邀請時任副總統連戰先生，共同宣誓三好運動；二〇〇九年起，國際佛光會在總統府前，舉行國定佛誕節活動的時候，總統馬英九先生也與我一起，宣誓三好的口號。」當時我在場，可以做證人，星雲大師言之有物，微笑老蕭行之有度。

大師另有一書《三好一生》，點明社會良好風氣願景：「一個人能夠行『三好』，也就是一個好人，作為一個好人，人家就會尊敬你，不會阻礙你，如此，人生自然就會幸福安樂。人人都能成為『三好』的好人，我們的社會不就更美好了嗎？不就是一個『三好』的社會了嗎？何懼困難之有？」

星雲有鑒於史稱，中國的聖賢君子因為做好事、說好話、存好心，而美名流傳，因此我們也要發願做好人，實踐做好事、說好話、存好心，帶動社會善美的風氣。這本《三好一生》書中，由大師一生弘法的行佛歷程，到推廣三好運動，走入校園、家庭、社會。從思想觀念遞進到實踐層次，提綱挈領、有人事、有畫面，彙整其精采的三好人生。

二〇一一年十月九日，人間社記者報導：三好校園實踐學校主任委員楊朝祥，以有兩人因職場不順，特別找法師開示，法師只說「一碗飯」，兩人卻有不同反應，各自得到不同成就，說明行三好只在「一念之間」。期許各校相互交流經驗，挑出可行模式。讓三好成為全民運動，建立祥和社會。由此可見，坐而言不如起而行，三好運動仍在行動中。

此一行動一經推出，又跟至今業已推廣六十三年的表揚好人好事運動精神：「存好心、說好話、做好事、當好人」，兩者旨趣不謀而合。故自一九八一年起，陸炳文主辦過兩屆全國好人好事表揚活動，為總統接見好人好事代表代擬致詞稿，其中都會提到一段文字：「表揚全國好人好事代表的活動，係於民國四十七（一九五八）年奉先總統蔣公指示辦理。」到後來其他承辦人，才又加上新意指出：「佛光山星雲大師提倡『存好心，做好事，說好話』，均在鼓勵人們積極行善，並推己及人。十一月十五日受邀出席勞促會、新卸任理事長交接典禮，我上台講話中強調，當初貴會成立宗旨，促進勞資關係和諧，正是配合三好運動，結合好人好事表揚，表彰好人出人頭地，引領社會良好風氣，獲贈外形為圓陽傘，寓意既美好又圓滿。」

三好一生
星雲大師 著
高希均
王力行 策畫
天下文化

中山堂

20

助浴佛日成國定假日佛誕節

行之有年的浴佛日，辦理法會，因星雲大師登高一呼，助成改作佛誕節，甚至變成了國定假日，這事已經隔了二十二年之久，知道來龍去脈者並不多，即使台灣佛教徒，也可能僅知其然，而不知其所以然！

沿襲已久，現今中國大陸，每年農曆四月初八，大多數漢傳佛教寺院均會舉辦浴佛法會、也就是衛塞節、龍華會、灌佛會、華嚴會等名義。但過去在台灣，佛教寺廟及佛教界，會依慣例於農曆四月初八前後，舉行紀念及浴佛儀式，熱烈慶祝佛教創始人釋迦牟尼佛誕生的日子。

後經佛教人士共同發起，連署設「國定佛誕節」，案經一九九九年行政院交辦，內政部才在「國定紀念日」中，正式納入佛陀誕辰紀念日，期在農曆四月八日，有關機關、團體舉辦禮佛活動，至今正好二十二個年頭，讓我聯想到了牽頭人、行事風格低調到不行的佛光山星雲大師。

千載難逢的千禧年（二〇〇〇）四月七日，陸炳文在《人間福報》上，讀到了社論〈國定佛誕節的意義〉，文中肯定國定佛誕節有其時代意義，大家須好自珍惜，共享福報。今天再翻閱當年剪報，由於追隨行政院長蕭萬長，供職於大院內務總管第七組，始克參與其事，千載一時，一時千載，難得體認「國定佛誕節的殊勝意義，大家好自珍惜，共享福報」，結語很真實，而感同身受。

當天報載社論文稱：農曆四月八日佛誕節，經由政府明公布，已經明訂為國定紀念日，並於母親節同日放假。此事源於一九九九年二月八日，由台灣諸大法師、及居士聯合發起組織「佛誕節促進會」，向政府提出專案申請，希望明訂佛誕節為國定假日。經過立法院於六月二十二日審通過，隨後由行政院公布實施，九月一日身為基督徒的總統，親自來到佛光山，正式宣布佛誕節為國定假日。

至此，廣大佛教徒多年的心願終於有了結果，佛教界也總算有了一個統一而固定的日子，得以共同攜手慶祝教主釋迦牟尼佛的聖誕。過去佛教界慶祝佛誕節，有以國曆四月八日、或農曆四月八日為期，有以五月、月圓日盛慶祝佛陀之誕生、成道、涅槃者，稱為衛塞節。如今經過政府明令佛陀誕辰為國定紀念日，而於佛教徒母親節同日慶祝。

佛誕節不在乎在那一天是否放假，重要的是它被訂為國定的紀念日，是國定的假期，尤其與母親同日慶祝，意義非凡。因為，佛陀就如慈母一般，平等無私的呵護眾生，在這一天，為人子女者，可以陪同慈母，一起歸向佛陀的座前，讓佛光慈光相互輝映，平添佛誕節的熱鬧與溫馨。自此，佛光山佛陀紀念館玉佛殿，不嫌麻煩，無畏風險，每年到了四月八日，把佛祖真身舍利請下來，好讓信眾貼近禮佛、親炙金身感應祈福。

關於首屆的國家佛誕節，全國佛教徒籌備了「國定佛誕節慶祝委員會」，準備擴大慶祝，將由國際佛光會中華總會動員總會、分會，一起與全國各界隆重舉行浴佛法會，並與全國佛教界，分北中南三地舉行慶祝活動，估計有數十萬人參加盛會。這份由星雲大師創辦之報紙上是不方便說的，現在就由陸炳文補充說明指出，事屬關鍵性一重點經歷：

一九九九年四月間，乘著佛陀舍利來台，喜迎安座熱潮未退，餘溫還在各地流動之際，星雲順應時勢潮流，推動遊說影響潘維剛、蕭金蘭、鄭水龍、沈智慧、張蔡美佐等二〇七位立法委員、及逾百萬人聯合簽署後，在我受命安排下，六月十日大師偕同慈容、永富法師，及部分立委、教界領袖一行十四人齊赴行政院，拜會院長蕭萬長，為多年懸而未決佛誕節，及時合議誕生請命成功，歡喜成就千古一大盛事。

我們要做三好的好人

21

佛光發源於宜蘭發祥在高雄

星雲大師說，六十多年前，他住進了宜蘭雷音寺，這是一所「龍華派」的小廟，後來經過他的努力，把它拆除重建，樓高四層，但是建成以後卻不得再用經費加以粉刷裝修。一年又一年，就這樣將就的供給信徒禮拜。如此地在宜蘭連續住了二十六年，也主持了一連二十六年的「佛七法會」，這裡是他人間佛教事業的發源。

古諺說：飲水思源頭，吃果子拜樹頭。我們佛光山，能有今天的大發展，台灣有兩個地方，起到很大作用：前有宜蘭情：為人間佛教，開發源頭活水；後有高雄誼，為國際佛光會，發出祥雲靈光。總之星雲大師志業，發源於宜蘭北門口，發祥在高雄大樹下。

這就如同開山宗長星雲大師自己講過：「在我弘法的歷程中，宜蘭是一個很重要的據點，可以說沒有宜蘭的雷音寺，就沒有佛光山；沒有佛光山，就沒有遍布海內外、近兩百個道場，更沒有百萬以上信徒、幹部，而且佛光山最早的弟子，幾乎都是宜蘭人。」

二〇二一年十一月十六日，陸炳文特地跑了一趟宜蘭，再謁佛光山蘭陽別院，首訪四樓的甲子紀念堂，見證星雲所講很對，我同時讚嘆心中大師就是大師，造詣深享有盛譽，不是一年半載的事；同樣的情形，佛光山四大宗旨：以文化弘揚佛法、以教育培養人才、以慈善福利社會、以共修淨化人心，也不會是一天造成，必須不停邁開腳步，繼續砥礪奮進前行。

我六歲從福建渡海來台，就讀宜蘭中山國小二年級，到升學宜蘭中學初二結業離開，都住在思源里神農路，距離中山路的雷音寺不遠，其間正好遇上一九五三年星雲受邀來到這裡駐錫，學校上下課鈴聲偶作，與寺廟鐘聲和諧共振，迄今迴盪已逾半世紀，福音仍然頻傳於耳際中；光源雖小，遠源流長，學海有涯，佛海無邊，就近薰陶，耳濡目染，長年下來，受益匪淺。

目睹由佛光緣美術館前宜蘭分館，今重新裝修改造成甲子紀念堂中，展出大師一甲子的弘化歷程，與佛祖共燈，辦人間佛教，實物盡陳，栩栩如生，圖文並茂，感動不已。尤其見到雷音寺前身、「菜堂」的大型彩繪壁畫。菜堂始建於一八二五年（清道光五年），原本是龍華派的齋堂，日據後期改稱雷音寺，宜蘭人猶慣稱菜堂、或「佛祖堂」，即在今蘭陽別院原地。

偌大U型環抱展廳裡，除了陳列早年大師弘法影像紀錄之外，還展示星雲當年睡覺的簡陋竹床。在體驗區塊內，更有兩輛舊式腳踏車，經徵得導覽志工同意，坐上陳舊皮質座墊，體驗斯時騎腳踏車下鄉，以幻燈片、錄音機弘法布教的時光，且在此留下身影，俾供分享後來者；遙想當年，星雲無畏流言中傷，無懼多少長老反對，堅持用現代化設備傳道，一如天主教、基督教布道，早就使用者，大師道德勇氣，怎不令人動容？

特別值得一提的是，在如此艱困的環境下，大師為了省電，曾與佛祖共用一盞五燭光的、電燈泡埋頭伏案寫作，並以破舊不堪的縫紉機，木質平台面子當桌枱用，而先後寫下《釋迦牟尼佛傳》、《玉琳國師》、《佛陀十大弟子傳》等傳世經典著作，克服困難精神，令人為之動容。

觀照苦行僧一路走來，各個階段展區的品目，包括實物、圖片、模型、三D影像科技等歷史文物文獻。回顧一九四九年，星雲跟隨國軍僧侶救護隊渡台，當時是「孑然一身、孤苦無家」，因此展場有布置當年抵達基隆碼頭的船艦示意圖，以及當時大師所穿的僧鞋、衲衣與鉢、佛珠等器物，低度簡陋中，透露出高貴情操，一代高僧豈可浪得虛名！

在紀念堂入口的禮敬廳堂，一尊大師年輕時端坐的矽像，陸炳文攜內子史瑛，不能免俗地留影存念，只為深刻記住那十幾年，圖說宜蘭啟教與發展，星雲奠定下弘法基石，始創今日壯闊華麗之、十方信眾護持佛事業。

佛光山蘭陽別院
吉
祥

22

靠歌詠隊傳教用作文班布道

星雲大師曾經在蘭陽平原平白無故組織了一個念佛會，號召善男信女都來念佛，又根據年輕人喜愛唱歌、愛交朋友的本質特性，率先成立了全台灣第一支佛教歌詠隊；還為了讓青年學子上進，再開班授課學習國文。歌詠隊和作文班的出現宜蘭，兩大事均可謂劃時代的創舉。這種不怕苦、不怕難的克難、吃苦傳道隊伍，如同無懼勇者，所向無敵之境，才吸引年輕人，不斷加入行列。

一九五三年駐錫宜蘭後，星雲先成立歌詠隊、翌年又見青年弘法隊，開啟人間佛教弘法之路，在電台、軍中、鄉野、監獄以歌聲弘法，灌製過六張佛曲「黑膠唱片」；大師還同時創設國文班，教授《古文觀止》等，中國文學經典之作，破天荒地開始在教界用教人寫作文來布道。

星雲的第一代弟子，有「佛教界才女」之稱的慈莊法師就坦承：「當時是因為想學作文，才去親近師父、親近佛教的。」另一位同樣出身宜蘭的、傑出女弟子慈惠法師也自承，她一生只做一件事：分享大師行誼，大師身教言教，不只是說教，一向起而行，從內心散發出慈悲親切，讓弟子與非弟子們，見到大師都由衷受到感動，甚且流下淚來。

大師慈悲為懷，非常注重教育，尤其注重扎根，培育養成苗子。一九五六年首在宜蘭創建「慈愛幼稚園」來栽培國家幼苗，佛光山蘭陽別院下設甲子紀念堂，展廳裡陳列著當年呂大福居士駕駛的一輛娃娃車，以及幼稚園老師所使用的風琴，著實令學教育出身陸炳文敬佩不已。

大師在宜蘭弘化期間，各項布道宣講、法音宣流活動，皆辦理得有聲有色，尤其別出心裁，每年都會舉辦佛誕花車遊行，熱鬧的遊行隊伍，萬人空巷的景象，感動了許多人，迄今仍為老一輩、佛光人津津樂道，也奠定人間佛教弘傳良好基礎，我在體驗區騎上車感觸良多。第一位大學生出家的依空法師，小時候就在如此耳濡目染下發心向佛。

展廳裡的佛誕花車遊行立體模型，我走過刻意停了下來，駐足佇立凝眸許久，這足可讓參觀民眾瞭解到當年空前盛況，也讓陸炳文回想起上世紀八〇年代台北，由我承辦的國慶民眾活動，雙十節總統府前花車遊行，只是規模大、花樣多些而已，且為動員群眾當觀眾，而非自動自發來圍觀。

甲子紀念堂第一展區，布展〈大師與母親〉、〈大師的童年〉、〈讀書的經驗〉等單元，記錄大師出生地，江蘇揚州仙女廟小鎮，並以沙畫影片呈現大師貧苦勤勞與慈悲精神，乃至幼年時母親帶他到南京，尋找在戰亂中失去音訊的父親，緣遇棲霞禪寺師父志開上人，於十二歲剃度的因緣，得知早已結下深厚佛緣，及嗣後佛光緣其來有自。

自星雲開悟後，旋以十二年的時間，在南京棲霞禪寺和其他地方參學，因此展廳裡展示大師與同時期出家法師的影像舊照，及一九四六年畢業於鎮江焦山佛學院的結業證書。如此睹舊物思今人，九五高齡的星雲博士創建幾十所各級學校，內含幼稚園及中小學、到大學研究所的平民教育家，我們根據不完整統計，大師擁有幾十個博士榮銜。

然而大師依舊謙虛如常，有如二〇〇六年五月二十六日，獲頒澳洲格里菲斯大學之榮譽博士學位，在致謝詞講題〈做一個富有的佛教人〉有言：「對一個一生從來沒有上正規學校、領過一張畢業證書的人來說，能接受名校頒發給我榮譽博士學位，確實是非常榮幸！……假如我家裡有錢，可以讓我去念書，或許我與佛教的緣分，就不是現在這樣了。所以，是貧窮賜給我的因緣，讓我能做一個富有的佛教人。」

再如二〇一四年六月二十八日，獲頒韓國威德大學哲學榮譽博士學位，星雲自在自述：「各位都知道我的生平，我連一張小學的畢業證書都沒有拿過。但是，承蒙多所學校頒給我好幾十個榮譽博士、榮譽教授，增加我的榮譽；現在威德大學也來給我錦上添花，讓我更加感謝。」言外之意明示，靠歌詠隊傳教，用作文班布道，都屬正道正教！亟具效果效益。

大師帶領青年到電台錄音。1954.10.17

23 佛化婚禮第一對李奇茂軼聞

「你是李奇茂，我是李國深，現在兩個老李，竟還可以做人間事。」二〇一六年四月豔陽天，人間佛教倡行者星雲大師，在高雄本山開心地如是說。藝術大師李奇茂（一九二五～二〇一九）生前，回想此事曾經慨稱：「我們夫婦前往佛光山禮佛，卻和星雲大師在電梯中不期相遇，當時我和大師都坐輪椅，我當時聽了大師的話，很感動，也很感慨。」「感動於大師真的將我夫婦放心中；是朋友，才會直呼名號。感慨的是，一眨眼，星雲大師和我們已有一甲子情誼。」

就是那天，陸炳文夫婦也在場，還幫著李大師推輪椅，全程陪同，把這一切全都看在眼裡，聽在耳裡，同樣感動，別有不同三點感想：

一、想到第一場佛化婚禮盛況，二、想到李奇茂非得冒名頂替，三、想到釋氏星雲出家前俗姓。眾所周知，釋星雲（一九二七～），俗名李，名國深，童年出家，法名今覺，法號悟徹，自號星雲，筆名趙無任，我們奉為大師，故尊之星雲大師，佛光山僧俗二界，仍互稱法師、師父。

但有所不知，同樣都姓李，李奇茂之前，本名叫雲台，早年身處戰亂時代，為了生計，於是頂替冒名逃兵李其茂，加入軍隊行列，一九四九年隨著國軍來台，再易「其」為「奇」字，以逃避追查真相；然李雲台本名，跟星「雲」法號一字，和入「台」灣度餘生，預藏著有難以逆料之某種特殊意涵在。改今名李奇茂，一九四八年至上海加入青年軍，一九四九年再來台，是台灣光復後，水墨畫第一代代表性藝術家。

更加鮮為人知，時值一九六〇年初春，星雲大師於宜蘭念佛會、今之蘭陽別院，為全台第一場佛化婚禮證婚，新人正是李奇茂與宜蘭人張光正；當年鮮有結婚者會選在寺院佛堂辦理，但這對金童玉女，無畏其他人目光，無懼小和尚福證，首開良好風氣，可說是轟動了整個社會，驚動了軍中文藝，以及藝術界人士。

李太太張光正曾言：「我心中一直感謝父母，因他們的引導而認識星雲大師，他的人間佛法，指導我一條正確而平穩的人生之路，因而我常說一生中有兩位大師，一位是深藏內心崇敬的星雲大師，另一位則是每天陪我身旁的藝術大師李奇茂。」佛光人非常有福報，所以只要佛光山的事、星雲大師的事，都像李氏夫婦一樣，大家心甘情願地做。

後來，李奇茂成為藝壇名人，仍以佛教徒為榮，並以宜蘭女婿為傲。陸氏夫婦二〇二一年十一月十六日，目睹蘭陽別院中，張懸著多幀李大師夫婦結婚照，驚喜一甲子前場景盛況絕不亞於今日，唯美之中又不失莊嚴，深覺因緣不可思議。別院志工們還向我透露了一段關於婚禮的軼聞趣事。

婚禮中有一段插曲，讓觀禮者記憶深刻，當新郎新娘準備互換「念珠」做信物，大師將念珠交出時，雙手卻直發抖，後來問星雲原由，他才坦白對新人說：「你們是第一次結婚，我也是頭一回做證婚人，要在很多人面前致詞，的確很緊張，怕說錯話。」

當年李張兩府喜事，乃佛教第一次舉辦，也是星雲生平首次主持的佛化婚禮，這對新人五十年後舊地重遊，帶領「大地齊頌星雲八十華誕百家書畫賀壽展」，書畫家和賀壽策展六十餘人，齊聚蘭陽別院大雄寶殿，對照半世紀前，大師為渠等證婚之照片，共同見證史無前例的佛教歷史，黑白照也能戲劇性地變成彩色。

佛教，本來就在解決人生的生老病死之問題，人的一生中所遇到婚喪喜慶，一切皆不離佛事；因此大師提倡過壽、結婚的慶典，也以佛教的方式進行；五十歲以上的壽星，如要慶祝生辰，可於佛光山各地道場，定期供佛齋僧，宴請諸親友，但以不收賀禮、莊重節約為原則，陸炳文在三峽金光明寺、高雄佛光山本山等道場，都親歷其境，感受清涼界。

例如一九五七年夏天，宜蘭糖業公司董事長廖燦堂，於宜蘭念佛會大講堂舉行佛化祝壽，慶祝六十生朝，是日誦經一天，超薦其父母，並祈願壽星蒙受佛光的庇護。再如台南統一企業創辦人吳修齊居士、日月光集團創辦人張姚宏影等，亦常前往佛光山，奉行佛化祝壽禮，由法師為其誦經祝福，佛化已逐漸蔚為良好風氣，萬家生佛有助於增進社會和諧。

自此全球六大洲佛光道場，為有心組織佛化家庭著想，也陸續開始替禮佛善男信女證盟。今天佛教走向都市叢林，亦藉由各項佛化活動，普遍接引社會大眾，認識佛教而研究佛學，期使人間佛教正信，教化思想深植人心；若謂雷音寺為佛光山搖籃，不如說星雲推動台灣佛教現代化搖籃的手，導正同時引領風氣之先，我看應該可以當之無愧。

著名畫家李奇茂與張光正小姐於雷音寺舉行佛化婚禮。

24

黃君璧張大千溥心畬皆大師

在社會各界中，兩人彼此之間，有千百種稱呼，使用大師一詞，更是何其尊貴，不可隨便封饋！名號得來不易，不可輕言放棄！至於何謂大師？自有嚴謹條件。就以佛教為例，星雲大師見解，足以作為代表。

一九九四年二月八日，星雲法師作一文，題〈捨得的藝術〉曰：「何謂大師？大師，是佛門的稱謂，有其規範。佛教裡還有法師、論師、禪師、經師、律師等等，因為有佛法內涵，以法為師，或論議、或講經、或參禪、或持律弘律等等而得名。叢林裡，大師並不一定指，偉大或年紀大者；大師也指發大心的人、有學問的人等……。」

「佛教界相互稱名，都會冠上法師，佛光山一三〇〇多個出家弟子之間，彼此都是互稱某某法師的，法師也就成為一種通稱了。因此徒眾以我開創佛光山，而提議稱我開山大師，大師之名便由此而生。社會上，大師者即專家，各行各業裡都有，因發心學習而成就、成為專家的大師。比方，國畫大師張大千先生，我們尊他為張大千大師；黃君璧先生，稱為黃君璧大師。」

陸炳文讀到此文，正巧引起兩個聯想：其一、星雲大師文中所提到黃君璧、張大千兩位大師，巧為我們粥會名賢。其二、今天二〇二一年十一月十八日，我和台北福州十邑同鄉會理事長郭淑惠，聯名出面邀約多位知名畫家，正要到「白雲堂」黃君璧大師的模範學生張福英老師所創立之畫廊「從雲軒」，參觀黃大師畫作，而明年（二〇二二）初下一檔展品，又巧為張大千、溥心畬兩大師的專場。

巧想還不僅如此，人間佛教序文選二／〇三四第三篇本山出版／〇八八《佛光緣1》序，星雲作序有言：「佛光大學在宜蘭礁溪林美山設校一事，引起了大家的關心和護持，尤其六年內籌建所需的三十億元設校費用，這是一筆龐大的數字，有賴眾緣共同成就。因此佛光山和佛光會的僧信徒眾，乃發起托鉢興學活動，並承藝文界有心人士們共同發起義賣，共成此一佛教盛事。」

「四十年來，我也收藏了一些書畫，如張大千先生親自送我的墨荷、觀音、溥心畬的畫作，黃君璧的山水畫等；以及趙樸初、于右任、郎靜山、董開章等名家的書法墨寶；還有很多他們的家人子弟，將他們的珍藏送我，甚至台灣和大陸還有多位在國際間知名的畫家，也都出面出名捐輸佳作，共襄盛舉，因而成就這次義賣的好事功德。」

這篇序文提及七位名家，其中堪稱書畫大師者：張大千、溥心畬、黃君璧、于右任、郎靜山、董開章六位，亦全為粥賢；由此觀之，文化人士雅集粥會，與佛光山以及星雲大師，其間緣起有多遠且多深。據瞭解，當年捐贈給佛光山建寺義賣的大師，除了張大千，還有溥心畬、黃君璧、齊白石等人的作品，現在都還珍藏在佛光山。

星雲說：「在最初開山期中，好友廣元法師要幫助我籌措建寺的經費，他邀請了王雲五、馬壽華等先生發起，為我跟當代名家，要了三百幅書畫給我義賣。……許多的書畫，實在不忍心出售，寺院可以慢慢的建設，書畫不能不好好的保存。」

「後來為了籌辦佛光大學，也辦過義賣，但大多數名家的書畫，還保留著。今天藉著籌設佛光大學的因緣，我們能與享有盛譽的、藝文界諸公結緣，故稱之為『佛光緣』，也算是佛藝情緣，佛教與藝文界一美談！」弘法人間的宗教家強調，黃君璧、張大千、溥心畬等皆屬大師，他們願意勇敢地挺身而出，不畏人言，關懷興學，書畫大師這樣做，便是施無畏者。

午後邀至友賞臨「從雲軒」，觀看珍藏黃君璧畫作時，陸炳文用隨身手機秀出一九七八年張大千大師至佛光山訪問及贈畫，並與星雲大師合影舊照，期待明年張福英畫廊換展大千居士作品時，我們又有機緣小範圍觀展，興奮中不忘提醒，大師須加以呵護，要珍惜這份佛藝情緣，千萬不可再消費大師，縱使稱謂只是個假名，也不要胡亂命名封號。

25 佛光人救災身影從不落人後

星雲大師對佛光人勇於聞聲救苦救難的行為，以〈用智慧救災〉為題的文章作了明白開示：「關於救災地方治理，有三個必須重視的問題：適時、影響、活用。對台灣整個社會、自然界，不但要認知，還要有應變、處理問題的能力。尤其大家要知道，在台灣的出家人，如果不布施、不慈悲，難以向社會交代，面對世間各種觀念、風俗及習慣的差距，自己要隨遇而安、隨順世間、恆順眾生。」

「即使本山的財力、動員力，無法與其他慈善團體相比，但我們可以用智慧、用發心，隨心隨力去做。我們不是不願意募款，而是不隨便募款，大家要有這樣的認知。救災與醫療，脫離不了關係，對救急救難，還要再擴大。救災不是表演，面對災情，要以沉痛之心去應對，對災民的苦楚，要能感同身受。」

大師的老朋友、蕭萬長前副總統，回首行政院長任內，一九九九年發生九二一大地震，曾與星雲頗有同感，而在十一載之前，發表一篇紀實短文〈看災一整天，一口飯都沒吃〉，寫出那場令人長痛的往事：「看到很感動的地方，災區許多橋都震垮了，一般人要進去很難，居然有那麼多佛光山、慈濟、法鼓山的、基督教的，還有天主教的，他們都已經跑進去災區，而且在那裡幫忙。」災民最不安的，就是畏懼和恐慌，這時布施給人無畏，正其時、正是時候！

由此可見，佛光人救災從不是在表演，他們的身影也從不落人後，並效力於公共治理。由中國地方自治學會主辦的「二〇二一後疫情時代創新地方治理國際學術研討會」，二〇二一年十一月十九日在台北台大校友會館全天舉行，陸炳文受到學會理事長紀俊臣的邀請與會，會中針對佛光大學公共事務系專任副教授陳衍宏的發言，用直觀經營法試著點評指出：所謂後疫情的時代，仍籠罩在危機之下，社會關懷從事公共治理，猶不脫應急制變手段，運用社區資源及連結，求取公私協力治理，提供被照顧者必要的，幫助使之活得安心、放心。如同過去蕭前副總統對我說：「星雲大師帶領的這些佛光人，穿著他們的志工衣服在幫忙，這樣的社會關懷、這樣的愛心，我非常感動，至今，還懷著感恩的心。」

隨著天災人禍不斷發生，在全球佛光山體系下，佛光山慈悲基金會，會聯合國際佛光會，動員各地佛光人及資源，將救災的面向，由台灣延伸至世界性重大災難的救援、災後的心靈輔導、災區的重建等，配合公共治理與地方治理，投入自然或人為災害防救，亦即危機管理復原階段工作，發心。

二十二年前九二一參與蕭內閣救災團隊，更早幫過行政院前政務委員黃石城，草擬自然災害防救方案有成，同時教授危機管理學有年的陸炳文，帶來感觸特別多，最大啟發和感悟，則在如何切實有效把公共治理、公共危機處理，與非政府組織、非營利組織管理整合起來，統合行事，且已成人心所向、時勢所趨新課題。

另悉台灣九二一震災後，佛光人在大師感召下，迅速成立世界性援助震災中心，從救災、重建、安頓到心靈撫慰，全程參與。此中包括第一時間提供災民糧食、飲水、貨櫃屋等，以及災區的消毒除疫、義診醫療、誦經助念、祈安法會、心理諮商等。之後並協助災後重建，為災民興建組合屋，以及認養中科、爽文、平林、富功等國小的重建工作。尚且設置十四個佛光園心靈加油站，長期陪伴災民平復心靈的創傷。

繼九二一集集大地震、南亞海嘯……，到緬甸風災及汶川大地震、南台灣八八風災，每一次的災難，都令人怵目驚心。而全球佛光人，在每一次救災救難的當下，本著星雲揭櫫「同體共生」的觀念，學習觀世音菩薩聞聲救苦的精神，盡其所能的拔苦予樂，世上人同感敬佩，受災人更加感佩。

再長期觀察下來，佛光山的僧俗二眾，認為只要真正有益於大眾的事情，無論大小鉅細，都會當成是「義」不容辭的「工」作，秉持大師喜捨慈悲觀，常保捨我其誰之善念；志願者能做個「穿針引線」的「義工」，把各種好因好緣結合在一起，為開創人間淨土盡一份力量，這也是所有佛光人共知共行的使命，亦為我佩服星雲到了五體投地之處。

銀樓
小吃

南投縣國姓鄉福龜田園小

26

危機處理民間高手就在身邊

「危機的處理，第一要有認識危機的常識；第二要有應變的能力；第三要有靜定的修養；第四要有往日的因緣。有了以上四點，則危機處理不難矣！」星雲大師二〇一七年八月二十七日，曾在「迷悟之間」專欄發表一文題用〈危機處理〉，直接了當總結了治理危機問題有四個排難解紛之道，其實讀者心知肚明，說到做到力行實踐，民間高手就在身邊，正是作者星雲自己。

大師在文中開宗明義，點明危機意識重要性。「在你的一生當中，你有遇到過『危機』嗎？當你遇到危機的時候，你有處理的機智嗎？」十一月十九日，「危機管理三書」著者陸炳文，適受邀前往台北金山南路，參觀朱清波篆刻、甘美華國畫精品聯展，我就教刀奏名家朱清波大師：

「你在治印時有危機感嗎？不小心刀具傷到手，你怎麼辦呢？一個恍神印材崩裂，有心理準備嗎？眼看著半成品殘缺，這時要如何補救呢？遇到救不回，修補也沒用，你又奈何？

是否磨平印台表面，不會緊握不放，放手重製應急？但提供名貴印材者，認定料短價值變小，這時向你索賠，又該怎麼應變？」

星雲文〈危機處理〉還強調：「人的一生，不時的都會遇到一些可以預料與不可預料的危機。……當危機降臨的時候，不可慌張，要臨危不亂，鎮定以對。無論什麼危機，先要知道起因，千萬不可把問題複雜化，要簡單的找出自己能夠解決的辦法。因此，面對危機，唯有冷靜、機智，才能解決問題；慌亂、緊張，於事無補。」

人生遇到危機時，要如何來面對？閱讀星雲大師文章，對每個人的受用與影響很大，陸炳文「三書」之一：《你是應變高手？個人危機管理卅六心法》（一九九六年由商業週刊出版、城邦文化發行），也受益很大。

星雲大師另作〈如何化解危機？〉指出：「柔和泰然面對。」危機來了，不要驚慌。佛教的道樹禪師，和法術高強的道士比鄰而居，道樹禪師以不變應萬變，終能戰勝有法術神通的道士。對於一些突然變化的境界，即使讓人猝不及防，但是只要你能處變不驚，泰然面對，就能化解危機，安然度過。

「三書」之二：《溝通勝手：公關危機破解一〇〇招》（一九九七年，平安文化出版印行）全書要義端在於智慧之考驗與挑戰，得助於星雲〈如何化解危機？〉文中的：「運用智慧經驗。」當危機發生的時候，如想化解，必須要有經驗判斷，要有智慧化解。老馬識途，就是憑其經驗；老人的智慧，也是經驗的累積。危機不怕，只怕你沒有經驗，沒有智慧。

「三書」之三：《如意雙手：公關與危機處理七講》（一九九八年，黎明文化出版），旨在找到迴旋的餘地，等同大師〈如何化解危機？〉所示：「能夠回頭轉身。」人生前面的半個世界，充滿重重危機，我們何必一味的只是向前呢？何不回頭經營後面的半個世界呢？我們的身邊周遭埋伏著各種危機，我們可以轉個身避開鋒頭，不要首當其衝。

我們常說：當有了危機出現的時候，要如何應對才能轉危為安，並掌握最佳契機。人生當勇敢時，當然要冒險犯難、往前衝；而必要退讓時，就得更加地謙卑，高度低調行事。對於化解危機，回頭轉身、改心換性，運用智慧，仰仗經驗，退一步想，逆向思考，柔能克剛，泰然面對，這些都是至理、最重要的法寶。就在你我身邊，危機處理高手、星雲大師有知，一定同意此說。

何況，危機處理高手星雲大師，在二〇二一年三月三十一日，〈應世無畏〉文中指出：「觀世音菩薩不但救苦救難，而且布施給人『無畏』。此中的意義，就如有力量的人、和有辦法的人，對於一些弱小無助者，給予保護說：不要怕，有我支持你！此種布施的精神，至為重要。因為觀世音菩薩尋聲救苦，給予眾生布施『無畏』。所以，在觀世音菩薩的諸多名號當中，又名『施無畏者』。」

福報創辦人星雲大師撰文回響熱烈 讀者集資出版

十方如意
星雲大師十方行誼與我卅載佛光緣

輯三

和平

27 心靈環保環境教育如影隨形

星雲大師一向十分重視環保，這可不是一年半載的事情，也不是一朝一夕可見成果，是需要持之以恆的耐心，最近談到這個課題，曾經提示佛光人說：二十一世紀是環保的世紀，必須認知「我們只有一個地球」，達成「人類與環境是不可分割的共同體」之共識。語見二〇一〇年十月初佛光山上，舉行國際佛光會世界會員代表大會，面對來自五大洲的數千佛光人代表，星雲發表題為〈環保與心保〉之主題演說。

演說紀錄主旨顯示，自從一九七二年，聯合國通過著名的〈人類環境宣言〉，希望喚醒世人保護環境的意識。緊接著又將六月五日定為「世界環境日」，進一步宣導世人認知「我們只有一個地球」，並且達成「人類與環境是不可分割的共同體」之共識，從此環境保護的議題便正式受到世人關注。之後，聯合國多年來屢次召開有關環境與發展的地球高峰會議。

當時還通過各項國際公約，希望透過國際合作與國際條約的規範，各國能夠進行二氧化碳的減量，以及減緩排放傷害臭氧層的有害氣體等，以減緩全球暖化的持續惡化。大師並以當年冰島火山相繼爆發為例，不少航班無法正常起飛，一度引發世人一陣恐慌；事隔將近半年，旋即一切恢復平靜，尤其今天看到各地佛光人能夠順利從五大洲回山開會，內心感到格外歡喜。

台北市文山區棕櫚泉綠茵山莊，陸炳文隨著芳鄰一行秋郊旅遊，展開一日環保觀摩睦鄰活動，二〇二一年十一月二十日參訪桃園市觀音區之、環境教育設施場所參觀，剛進入大門駐衛崗哨，見到第一位工作人員，當地客家人陳寶方，正是我們佛光人，隸屬於中華佛光總會新屋分會，業已入會結緣五年，目前在農博教育園區擔任保全，每年都回山一次，全家人吃全素，自家中也供佛。

佛光人善行無所不在，佛光緣慈愛無遠弗屆。中華詩詞藝術協會理事長謝明輝，詩興大發而作〈讚佛光山〉，得句：「四給佛光開，善念內心栽。持修靈起動，行佛禪自來。信心歡喜眾，希望方便枱。慈光天下愛，動靜見如來。」我因此亦想，稱讚佛光山：佛光人遍布五大洲，祈求大家帶頭重視環保；佛光緣及於三千界，期待一起發心搶救地球。

星雲迄今，講過很多次，寫過很多篇文章，鼓吹心靈環保、以及環境教育，如影隨形，走到哪裡，就講到哪裡，寫到哪裡，也拉回到環境的主題。然而令大師感到遺憾與憂心的是，儘管全世界早已意識到，全球暖化以及環境生態，遭受破壞的問題，日趨嚴重，但是「重視環保，搶救地球」，對許多人而言，仍然只是一個口號，不能落實為實際行動。

原因是，當環保與物質需求產生衝突時，多數人仍然以滿足生活享受為優先。例如：現代家庭中大量使用家電、自用交通工具，其所產生的廢氣，已嚴重破壞大氣層中的臭氧層，結果是地球上生存的所有生物皆造成傷害。人類為了追求物慾，高度發展工業，大量使用煤、石油等礦物燃料，排放過多的二氧化碳等多種溫室氣體，所產生「溫室效應」，導致全球氣候變暖，引發極端的壞氣候，自作自受傷及自己。

我樂見住了二十八年老社區旅遊活動，改以環境教育設施場所作為首站，首途又是碳索生活館，便繳費報名攜眷參加，果然不虛此行，見識到台灣環保已經漸有起色和初步的進展，同時也見證了星雲所雲，自知行善坐而言，不如起而行重要。

旅途回程的車上，用手機看電子書，大師呼籲佛光人，一切要從心靈環保、亦即心保做起，如果人類遲不覺醒，再不重視對大自然、生態環境的保護，再不控制二氧化碳的排放量，那麼到了本世紀末，地球將會大幅度增溫，到時候將會毀滅性地改變了人類的未來。一旦地球升溫二度時，格陵蘭的冰層快速融化，屆時海平面上升七公尺，一些沿海城市，包括紐約、倫敦、曼谷、上海，甚至台北等，都將全被淹沒。

星雲且不止一次強調，環保與心保的關係密切。大師指出人是萬物之靈，但也是問題和麻煩的製造者，世界上所有問題的產生，都與「人」有關，內含現在麻煩的環保問題，也因為人類的自私無明，破壞了自然界的和諧與循環，以致天災地變不斷。如何解決當前的環保問題，除了做好外在的生態環保，尤應重視內在的心靈環保、心保則涵蓋思想、觀念、語言、心意的淨化，要能做到如影隨形，隨時隨地提醒自己。

姑且不論心保或環保，其實都在保護和平共處關係。心保在保護心靈的心平氣和，心平氣和就是一種和平，星雲大師論〈心平氣和之方〉稱：他情緒不佳，他動粗，我體諒他，我不動粗，我心裡非常的和平、善良，如此就能解決問題；至於環保議題，則保護自然界的平衡和諧，平衡和諧亦為另類和平，世上有「另類諾貝爾獎」之設，獎勵和平與環保人士，併稱用意明顯在此。

HI!
碳索生活
Green Life

碳索生活館
Green Life

28 不後悔是黨員但非政治和尚

星雲大師的政黨傾向，多少年來困擾著他，始終揮之不去，更令人感到好奇，到底是不是中國國民黨的黨員？有沒有當過所謂的「黨務顧問」？或具不具有「中央評議委員」的身分？《貧僧有話要說》十六說〈我主張「問政不干治」〉文中，星雲早就坦言：不後悔是黨員，但非政治和尚！不去干涉政府治理。

大師文首自白道出：「知道貧僧的讀者們，除了知道我有很多的名字以外，我還有一個名字，就是許多人稱貧僧為『政治和尚』。『政治和尚』這個名詞，我非常不喜歡，因為貧僧從小出家，一生既沒有做過官，又沒有受過政府的津貼，甚至我和政府官員之間，偶爾接受他們的訪問以外，也沒有太多的交往，我為什麼要被冠上，『政治和尚』這個名詞呢？」

星雲認為政治，沒有什麼不好，有名的政治家，像英國的邱吉爾，美國的林肯、羅斯福，德國前總理柯爾，他們為國家服務，為人民謀求福利，功在人間。也有一些政客，利用權力，圖私為己，國家、人民都不放在心上，當然就不可以稱道了。

中國國民黨一二七週年黨慶，提早於二〇二一年十一月二十一日開跑，在國父紀念館舉辦同舟大會師活動，陸炳文從黨主席朱立倫手上，拿到新黨證後表示，重回國民黨大家庭，也象徵入黨五十八年、失聯廿八載老黨員，從此重過組織生活，而結束了無黨藉狀態！

人是政治的動物，不可能脫離政治，而獨自存活下來，除非遁入山林中，完全與世隔絕了；人活在政治社會裡，可以不參與政治，不參加任何政黨，不過問政事，不插手政務，總不能不關心政情，不懂得政局，才有志同道合者，因此結黨或入黨，必有其政黨屬性，而產生政治傾向，尚且黨中還有派，就形成許多黨派。

因而大師才會澄清：我是一個出家人，一向普愛世人，不應該對這個世間，有黨派的觀念；我做和尚，終生不悔；我做了國民黨黨員，也是終生不悔。惟星雲耿耿於懷，始終不解竟有人，說我是「政治和尚」，我是政治家呢？還是政客呢？屬於文官？還是武將呢？我有參加過什麼政治運動嗎？

我百思不得其解。會有「政治和尚」這一詞，大概由於我曾經是國民黨的黨員；我自己也不知道什麼時候被任命為國民黨的「黨務顧問」，我沒有接過一份聘書，也沒有一個人轉告，我已經是黨務顧問。

後來，我又做了國民黨的「評議委員」，我也沒有接到什麼人的通知，更沒有收到聘書，只是在報紙上，看到國民黨人事、中央評議委員名單中，有「星雲」兩個字。既是國民黨的黨員，國民黨給我什麼名義，我就不能推辭否認了。

說起了貧僧，做國民黨的黨員，是在十八歲的那一年，中日戰爭結束，短暫和平到來，國民黨和共產黨共同抗戰勝利，在我們佛學院的講師名單中，有一位講公民課的老師，口才相當好，雄辯滔滔下，非常受我們同學的敬重。有一次，他叫我們全體同學，都參加國民黨，做國民黨的黨員。我也不知道做一個黨員，會有什麼權利、盡一份什麼義務，他只是發給每一個人，一張黨員證書。

但當我回到祖庭、大覺寺禮祖的時候，有一天，代表師兄到祖庭百里外的、一戶人家做功德佛事，走在一片荒野山區，忽然想到，國民黨、共產黨的人士，經常在此活動，我身懷國民黨的黨員證書，假如給共產黨知道，小命可不保了啊。於是，就把這張黨員證，不放在身邊的口袋裡，而插在鞋子的旁邊；因為要走一百多里路，等到做完佛事回到祖庭，再看看這張黨證，已經磨成麵粉的樣子了。我心裡想，這樣也好，我是出家人，「本來無一物，何必惹塵埃」呢？

星雲自述：當我二十三歲到了台灣，一、兩年後，那時，有「黨國元老」之稱的國民黨李子寬老居士，他曾經和太虛大師、章嘉活佛三個人共同列名抗戰勝利後的「中國佛教會整理委員會」委員，他就對我們說：「你們法師，要想在台灣弘揚佛法，不給政府認同，恐怕難以活動，我勸你們，統統參加國民黨做黨員吧！」

那時候在台灣，因為蔣夫人（蔣宋美齡）是基督教徒，她的教性非常堅強，所有的公務人員，不改信基督教，難以升官，不改信基督教，難有出國訪問的機會。甚至，我們出家人要想在各地傳教，如果不是國民黨的黨員，員警也不會允許。

在那時候，貧僧非常熱心要弘揚佛法，想到我若不做國民黨的黨員，事實上會有弘法的困難。因為他叫李子寬，我稱呼他「子老」，我就說：「子老，出家人做黨員，也不能去為黨服務，光有一個黨的名義，反而給人見笑，可否讓我們不要參加國民黨的小組會議、不要叫我們繳交黨費，也不要給人知道我們是黨員；至於我們在台灣弘揚佛法，在國民黨政府領導之下，我們就隨政府安排了。」後來一、二十年當中，我也沒有參與什麼會議，偶爾，在鄉村弘法布教，讓員警知道我是國民黨黨員，確實也得到方便不少。

大師自承：對貧僧被叫作「政治和尚」一詞，在報章雜誌上就屢見不鮮了。當然是譽少謗多，批評我的人都說，我是和尚還要參與政治嗎？我對於這句話一直耿耿於懷，不以為然。因為政治，我們可以不參與，但是對於社會的關懷、人民的富樂，我們佛教徒不能置之度外。可以不參與政治，不衝突不對抗，但不可不關心國家和平局勢。

星雲因知：太虛大師在抗戰勝利初期，據聞蔣介石曾經要求他組黨，他推辭以後，提出一個佛教徒今後對政治的主張：「問政不干治」。我對太虛大師的高見，舉雙手贊成。貧僧這一生，雖不想做官，也不想做民意代表，但對於社會的公平公義，有時候不能不參與意見。綜觀可見大師，不後悔是黨員，但非政治和尚，只問政不干治！

中國國民黨 慶祝建黨

佛牙舍利恭迎團
記者招待會

29

佛光童軍六十團行三好人生

佛光創會長星雲大師，一九九六年有感於社會上兒童及青少年問題日趨嚴重，希望給他們一個快樂健康活動，伴隨他們成長茁壯，提出了要在世界各地成立佛光童軍團部。二〇〇〇年八月二十一日終於如願，於高雄佛光山十位幼童代表，授銜成立中華佛光童軍團，同年（二〇〇〇）九月三日，又假台北國父紀念館正式舉行佛光童軍團授旗成團儀式。

此一佛光童軍團，乃佛教第一個首創的、全國性童軍團，這二十一年以來，獲得廣大回響與好評，目前全台各縣市將近有六十個佛光童軍團，令人驚喜的孩子們在快樂活動中，共同學習與成長，這項有意義活動值得與大人小孩分享，大手牽著小手，何止日行一善，大家更要實踐「做好事、說好話、存好心」的快樂三好人生。

陸炳文在初中二年級以前，都還參加童子軍活動，及長又於中國青年救國團，結識童軍前輩殷正言等，曾投入木章訓練工作，後來加入文化人士雅集，得知粥會名賢何應欽上將，一九二九年就已是童軍領袖，成了中國國民黨童子軍，改任中國童子軍的首名司令。

一九三四年十一月一日，中國童子軍總會正式成立，由當時軍事委員會委員長蔣中正擔任會長，何應欽則出任兩位副會長之一；隨著國民政府播遷來台，何上將尚且成功組織了我國童子軍在台灣振興運動，從一九五〇至一九六八年，何應欽躬親主持、檢閱中國童子軍第二至第六次大檢閱、大露營等活動，屢建奇勳，厥功甚偉。

我追昔撫今之目的，為童軍能在台深耕，本土化後草根第一代、省籍領導人趙守博先生，時任中華民國童軍總會理事長、及亞太地區童軍會主席，二〇一七年九月二日，偕同家人至高雄佛陀紀念館參訪，由國際佛光會中華總會副總會長吳欽杉陪同，並與佛館副館長永融法師會面交流時表示：五載之前參加二〇一二年佛館舉辦的「第四屆世界佛光童軍大會」，對於星雲大師所說「佛陀也是童軍」，永遠難以忘懷。

趙主席憶及：當初我們在佛館舉辦世界佛光童軍大會，將宗教結合童軍活動是項創舉，重要的是看到人間佛教的體現，大師為了改善社會、淨化人心的作法，尤其值得敬佩。還有首次在台灣舉行的第三屆「亞太區童軍環境教育研討會」，二〇一三年六月二日，於傳燈樓四樓舉行開幕典禮，此即我與佛光山及星雲的童軍緣。

有緣來到在世界佛教聖地台灣，參會之馬來西亞、菲律賓、孟加拉等十六國約三〇〇人，恭聆星雲大師開示：「童子」在佛教中，是最尊貴的稱呼，例如：文殊童子，是最有智慧的代表；歷史上，也有妙慧、月上等童女代表。這裡所謂童子、童女就是童子軍，等於佐證大師說法，「佛陀也是童軍」，這句話沒有錯，而沿用多年之「童子軍」一詞，現已正名為「童軍」，國家的幼苗、和平的種子，深耕無價的和平，遠離無情的戰爭。

欣聞佛光童軍秉持大師倡導人間佛教，重視生活教育和品德的培養，帶領兒童及青少年走向大自然，訓練他們獨立與生活技巧，在活動中開發潛能增進創造力，從團體生活享受快樂中學習，在佛法熏習培養其責任與榮譽感，得以發揮領導才能、與試煉和諧的人際關係，成為「有品德、有品質、有品味」的菩薩。

目前國際佛光會之中華佛光童軍總部，轄下佛光童軍團遍布全台各道場、別分院計有：高雄市普賢、小港、寶華、南屏、旗山、大樹、岡山、鳳山佛光童軍團，屏東縣屏東、潮州團，宜蘭縣蘭陽、仁愛團，花蓮縣花蓮團，台東日光團，澎湖團，基隆市極樂團，台北市普門、台北、安國、內湖團，新北市泰山、板橋、鶯歌、淡水、永和團，桃園市桃園、中壢團，新竹法寶團，苗栗縣頭份、苗栗團，台中市豐原、妙法、惠中團，彰化縣彰化、福山、員林團，南投草屯團，雲林縣斗六、北港團，嘉義圓福、嘉義、大林團，台南慧慈、永康、新營、台南、南台、福國團等，將近六十個佛光童軍團。

SCOUTS
APR Workshop on Environment
Education in Scouting

2010 North America BLIA Scouts Camp-O-Ree

30

訪大陸一波三折到波瀾壯闊

常言道：種瓜得瓜，種豆得豆；因緣際會，和合天成。卅五載之前，星雲向國民黨中央建言成功，三年後收成，大師初嚐種結果實，順利首訪中國大陸；事先雖然不太平順，有一波三折情況，但很快便成行了，得助於開放探親，政府政策改弦更張，媒體一片熱議，輿論再推波助瀾，形成了一股熱潮，而寫下一頁波瀾壯闊的海峽兩岸民間交流史新章。

原來早在一九八六年，國民黨召開「三中全會」，蔣經國做主席兼總統，指名請星雲大師出席，並且要在會中發言；會議於台北陽明山中山樓召開，先是祕書長馬樹禮作政治報告，後由國防部長郝柏村報告軍事；這時有黨務人員送來一張便條紙，交給星雲，並且傳話：「主席要你下午發表一些意見。」

大師事後回憶稱：我一個出家人，不能打妄語，不能只是歌功頌德，應該直接把意見說出來，要對當時的國家、社會有所貢獻。於是我提出三點建議，第一點就開門見山說：希望我們政府開放，讓台灣的各省人士能回到大陸去探親。因為在台這麼多年，有家難歸、有親難投；尤其一些老兵更是思鄉情切，勝利後和平得來不易，不能為了兩岸的戰事，使得很多的百姓，家不成家、人不成人。

陸炳文二〇二一年十一月二十三日，信手拈來翻閱《遠見雜誌》上，一九八九年六月十五日，依空法師的文章〈星雲大師行大陸〉，首段即指出：「當國內掀起一片大陸探親熱潮，兩岸的各類接觸日漸頻繁的時候，有人曾經建議師父──星雲大師，也回到闊別五十多年的故鄉，去探望母親；但是大師卻別有慧思。」

「大師認為一旦回去大陸，不僅僅是為了個人的觀光、或探親的意願而已，而是能夠到大陸各處自由公開地弘法布教。中國大陸經過四十年的社會主義統治，政治、經濟、社會、教育各方面產生了許多病態，而人心的病態尤其嚴重，佛法恰是『心藥』，一劑救心的良藥，因此大師希望，除了探親之外，可以藉著佛法的東風，重新帶給大陸一片春意。」

再對照拜讀《百年佛緣十》行佛篇二，星雲作〈我與大陸佛教的因緣〉一文有言：「一九八九年的『弘法探親團』，那是我離開大陸四十年後，首次再踏上故鄉的土地，回到我的祖庭。我帶領著全團將近五百名團員，走過大陸七個省分；在整整一個月的弘法探親行程中，每到一地，圍觀群眾求法若渴的眼神，總是讓我不忍輕易地從人群中走過，特意駐足為他們隨緣講說佛法。」

大師補充說：「促成弘法探親這段善因好緣的，是前中國佛教協會會長趙樸初居士。當年我們經常以書信來往、電話聯繫，談論佛教的發展現況；對於國家社會的和諧，以及人間佛教的未來，也都有共同的理念。趙樸初居士，是一位敦厚的長者，他在信中幾番提起，邀請我到大陸，探親、弘法，並且希望我到大陸傳播佛教的義理，讓中國佛教產生正面的影響。」大師因此搖身一變，成了兩岸和平使者。

星雲那時候，離開故鄉已經五十年，離開大陸四十年，由於各方人士稱讚大師對佛教有些許貢獻，但大師則一再謙稱這些都是那許多代我受苦受難的師長們所成就的，此行只是帶著報恩的心情，回歸故里。除了探親、報恩，也希望星雲把佛法的東風，帶回到這一片土地，助長中國佛教的興隆，更希望佛法的「心藥」能幫助安定社會人心，關係進而和平轉變。

我們可以說，這次「弘法探親團」的成就，是一場歷史性的破冰之旅。所謂牆內才可以有佛教，牆外不可以談傳教，當局希望大師只在寺廟裡弘法；後來幾經協商，終於由北京大學、清華大學、人民大學聯合邀請，在北京中央圖書館，作了一次公開講演。

星雲回憶，初到北京，甫下飛機，趙樸初會長和我見面，所說的第一句話：「千載一時，一時千載；千里香花結勝因！」千載並不久，千里也不遠，隔絕的時間、空間只是一時的，種子埋得再久、再深，只要和風一吹，甘露一降，因緣和合，再強大的力量，也阻擋不了它開花結實。陸炳文因而回到文章開頭的那一句話，種瓜種豆皆因緣，再怎麼陰差陽錯緣滅，也改變不了它得瓜得豆緣生！

31

靈山大佛祥符禪寺因緣殊勝

「無相長老幾次告訴我，如果沒有那次趙樸老南下與我相見因緣，可能也就沒有後來的這許多殊勝之事了。其實，世間事都是眾緣所成，哪裡會是由我單一因素而成就？不過對於自己能助成盛事，成為其中的一粒小沙石，也是頗感欣慰。」這是星雲大師二〇一三年二月二十日，作文題為〈百年佛緣：無相長老建設靈山大佛推手〉中的結語。

同年（二〇一三）十月二十三日，陸炳文循著小沙石探水路，由江蘇無錫梁溪粥會安排，摸著石頭過太湖來到靈山，謁祥符禪寺住持無相法師，承告靈山大佛建成大功德，當首推佛光山的星雲大師，就是他大駕光臨殊勝因緣，造就了這尊高八十八公尺大佛，成就了本禪寺推向全世界，推上佛教界交流中心地位。

我跟無相長老結緣已逾八載，此話記憶猶新，印象尤其深刻，印證星雲一文〈百年佛緣〉屬實。大師文中如此描述：「無相老與我同齡，民國十六年出生於江蘇東台。出家以後，民國三十五年先後到鎮江金山寺、常州天寧寺參學，後來又到上海玉佛寺佛學院讀書。

之後，幾經時局動盪，他就一直在無錫佛教協會，協助許多弘法事務。」

「一九九四年開始，參與重建祥符禪寺、及建設靈山大佛工程。提到無錫靈山大佛，對於大佛建設的因緣，也順此一敘。那年（一九九四）春天，我取道香港，再度回到南京、揚州訪問，並特別到江蘇海安祭拜家師志開上人。期間，承蒙中國佛教協會趙樸初會長，以八八歲高齡，特地從北京搭火車，到南京來看我。」

「趙樸老那一次南下行程中，也到了宜興等幾個地方，經過無錫，視察馬山小靈山的環境，表示要全力恢復建於唐朝的祥符禪寺，並且支援在寺院的後山，建造一尊大佛，期許祥符禪寺成為日後培養人才的基地，以及世界佛教的交流中心。三年後，也就是一九九七年十一月，祥符禪寺、靈山大佛舉行落成開光典禮。」

「當時，無相長老是為監院，後來在二〇〇一年陞座，成為中興第二代住持。現在靈山大佛，不僅是無錫的新地標，並且成為中國佛教近百年來重要的新指標。自從開光以後，接待過無數海內外來訪的元首、貴賓、十方善信，甚至每年的訪客都達百萬人次以上。」

「舉辦過多次重要的教界活動；像我參加過的就有二〇〇七年的『靈山勝會——兩岸和合・共生吉祥』，二〇〇九年在無錫開幕、台北閉幕的第二屆『世界佛教論壇』，以及二〇一〇年的『靈山世界公益論壇』等等。我與無相長老，曾在常州天寧寺，有過同參的因緣，後來因為無錫靈山大佛的關係，我數次前往他駐錫的祥符禪寺，他念著往日同參之誼，都給予我熱情的接待。」

凡此俱見我梁溪粥友王懷聲來信，所言貴長光臨寶地太湖之濱無錫，比肩繼踵，造訪了靈山大佛，以及周邊古名剎祥符禪寺和丁福保紀念館。按說丁福保紀念館，實即疇隱居士小屋，位在靈山風景區內，祥符禪寺一旁；據無相法師記憶所及，完全按照原公園路十二號三聖閣，當時的整體形狀恢復舊觀建設，如期在二〇〇九年十月一日對外開放。

八十八歲高齡的無相法師，當天在寺內接待陸炳文等台北粥友一行二十餘人啜粥，並敘述了與粥會創始人丁福保居士的淵源。三聖閣原在城中公園附近，稍早是無錫市佛學會所在地，就由丁居士所捐建。當年無相初來無錫，還住在三聖閣裡掛單，曾與丁有三面之緣，自謂三生有幸佩服。

法師一直有個願望：舊址重建三聖閣，以此紀念丁福保。辭出祥符禪寺時，專程來的陸炳文還禮贈一面「粥會九十紀念旗」，與無相法師結緣，並在專人陪同下，轉往丁福保紀念館，管理居士一眼就認出我五年前才來過，且捐出大批文獻文物，特地領去觀看保管現狀。其中有兩件牌匾，陸炳文請國民黨主席吳伯雄題的「禪粥一味」、「世界有一粥」，此間和諧粥文化況味，無非就是在追求和平。在館內各專櫃與牆面的結緣品，重又睹物思人，唯我星雲大師，倘若能邀來此，得讓佛光辭典、佛學辭典之編者，僧俗釋丁兩氏，同館雙沐書香，分享一瓣心香，結勝因緣，該有多好！

▲捐贈書刊給粥會創始人紀念館。

▲無相就是這個味。

▲梁溪粥會有賞。

32 兩岸四地誦讀大賽彼落此起

「一個人生希望，未來要發揚光大，必須透過讀書的過程。讀書才能增加知識，讀書才能認識世間，讀書才能改變自己，讀書才能增長自己的正知正見。不讀書醜陋，讀書是每一個人，成長的必要的過程。中國歷史上的很多高僧大德，也是通過讀書、誦經，領略出喜悅與樂趣，來完善自己的人格，實現了自身的昇華。」

二〇一八年八月十二日，《朗讀者》官方網站記載，星雲大師如上述所說，讀書的必要，朗讀的意義，誦經的功德。誦經的功德，究竟有多大？星雲作為特邀嘉賓，邀大家一起讀經！陸炳文理解大師的意思，其中有兩層意涵：其一，此處所謂讀經，既指誦讀佛教經典、亦即佛學方面經書，又針對中華經典，也就是一般詩文書籍。

其二，讀經的重點，在於朗讀，需要出聲，不是閱讀，亦非默念。不讀書的人，有時是很難分清，什麼是真善美，什麼是假惡醜的。讀經典、讀好書、讀出聲，朗讀、誦讀應該成為一種習慣，非常重要的生活方式，有助於開悟，有益於明心，有利於踐行。比如：天台宗的智者大師，靠誦經開悟；又如：近代的太虛大師，靠閱藏成就。至於靠誦《金剛經》而開悟者，幾千年來，怕是有無數了吧。

論讀經好處，也是為明心，時時讀經書，就像是時時用明鏡，自己來照心一樣，把佛經當作一面鏡子，鑑察我們心行標準，煩惱無明就會減少。中華經典浩瀚如海，三藏十二部典籍，值得我們循序漸進，認真地研讀，認真地感悟，認真地明心，認真地踐行。

依照星雲誦讀經書要求，兩岸三地推廣讀經教育，我早就已注意到此，二〇一四年四月十九日，辦經典文化講座，配合國際經典文化協會，成立十週年慶典，在佛光山佛陀紀念館舉辦「全球中華文化經典誦讀大會」，號召上萬人讀經，一起在銅鑄大佛前，大聲朗誦《弟子規》、《倫語》、《老子》、《般若波羅蜜多心經》等儒釋道經典之作；大師還透過預錄影片，提醒信眾透過讀書，應用於生活上，做個真正的人物。

這項全球性經典誦讀大會，首次在二〇〇四年開辦於香港，十七載之前的七月三日風光推出，吸引了兩岸三地及馬來西亞、印尼等國家逾二千人，同場背誦《大學》、《老子》，極華人騷壇一時之盛，而中華文化基本教材，再由舊書攤翻出來，《論語》也一度由黑翻紅。

我所瞭解此一盛會，一度改弦更張名為「中華文化經典誦讀大會觀摩賽」，實為第三屆全球賽會夏令營，二〇〇六年八月九日，回到「兒童讀經」的發祥地台灣高雄展開觀摩，由香港、大陸（江蘇、河南）、印尼、馬來西亞的代表，及本地南投均頭中小學、高雄澄清湖共學小組、基隆讀經學會，紛紛使出最拿手讀經創意表演，爭取大賽的好成績。

當時各地代表的表演精采絕倫，其間穿插了極樂寺兒童民俗舞蹈班演出，讓緊張氣氛一時獲得稍稍舒緩，而比賽中優勝者，在翌日晚會頒獎；接著安排日月潭的名勝景點之旅，讓國外來的大小朋友得以飽覽台灣美景；繼而前往均頭中小學參觀及用餐，再回本山掛單。學術研討會部分，則於下午結束後，前往惠中寺參觀並用餐，隨後來山與夏令營會合。如此大費周章，固雖稍緩壓力，但面對未來發展窘境，依舊沒有起色。

另悉，二〇一四年起死回生，第七屆大會返台辦理，藉此共融和諧文化、宗教和教育各機構，展開儒釋道經典文化的對話，來自五湖四海的華人子弟們，齊聲唱誦華夏文明結晶詩文，機會難得，盛況不再，包括之前的主辦地香港、山東，之後的湖南等地，都一屆不如一屆，每下愈況，終至中止，二〇一六年被迫停辦。

其間發起者亦是主辦單位之一的香港國際經典文化協會主席溫金海，通過乃姐溫雪珍舊識，來台北約見兩次於康華飯店，請求陸炳文給予必要的奧援，我以遠水救不了近火為由，無法解決渠等燃眉之急婉拒，該誦讀大會旋即作罷作收。後來始有愛音斯坦FM異軍突起，開辦二〇一七年首屆海峽兩岸暨香港、澳門地區中華經典詩文誦讀大賽崛起，全球中華文化經典誦讀大會彼落，兩岸四地誦讀大賽此起，恰成鮮明對比。

故自四、五年前成功舉辦以來，已經順利辦過了五屆大賽，在全球收到了極為熱烈的反響，我作為大賽評委主席與有榮焉。這是一場屬於中華傳統文化的盛事，累至萬人誦讀場景，令人深深受到震撼，廣受媒體熱烈關注，影響人群全覆蓋，上億人上網觀看。我們就身在其中，感受這種自古以來，傳承的固有文化教育；我們就身在其中，感受古人賦予我們，無可替代的祖傳恩典；我們就身在其中，感受星雲大師開示，領略誦讀的喜悅樂趣。

陸炳文最感欣慰的是，為讓大賽一年比一年更好，而每一個美好精彩的畫面，通過主辦單位之一星空衛視，每次播放且重播回放，全球華人已逾一億五千萬人看到，大師一旦聞此喜訊，定會雙手合十稱慶。

由於還真能用經典加持，必有益於眾生自不待言，尤其我們自古以來，就是一個愛好和平的民族，鼓吹誦讀固有經典詩文、為世界和平與人類發展，可以貢獻中國人智慧，你我又何樂而不為呢？

第七屆

爱音斯坦FM
爱音斯坦FM·年度品牌活动
第三届海峡两岸暨香港澳门地区
中华经典
诗文诵读大赛
评审主席
台湾文化艺术界联合会理事主席
全球粥会世界总会长
陆炳文
中国·沈阳
11月27日至12月1日

典詩文誦讀大賽總决賽

KING
爱音斯坦FM
2019第三届 海峡两岸暨香港澳门地区

33 佛家人緣好與領導人有交情

今大陸最高領導人習近平，曾在會見釋星雲時特別表示：「大師送我的書，我全都讀完了。」據稱星雲送給習近平主席的書，一套《百年佛緣》全集，乃二〇一三年底出版時送的，附圖係佛光山攝影，習主席二〇一四年二月十八日，在北京釣魚台國賓館會見大師，中為連戰。

圖文原標題：〈星雲大師和四任國家主席有交情〉，星雲在《聯合報》撰文，內容略以：大師透露，說跟領導人熟。實際上，星雲大師在大陸政界的人緣頗好，與四任國家主席，均有過交情。今年二月大師，隨國民黨榮譽主席連戰一同訪問大陸。習近平在見到星雲時，表示：「大師送我的書，我全都讀完了。」

非陸炳文少見多怪，不少人同樣頭一回，聽說大陸上領導人讀完台灣人出的書。同一消息來源還指出：二〇一三年二月間，星雲大師隨連戰的台灣代表團，與時任國家主席胡錦濤會面，習近平以中共中央總書記的身分，與星雲大師握手相見，當時星雲大師的《百年佛緣》剛剛出版不久。

在《百年佛緣》中，星雲大師回憶與楊尚昆、江澤民的緣分。上世紀九〇年代，星雲初次返鄉探親，瞻仰西安法門寺佛指舍利，並希望恭迎佛指舍利赴台，經江澤民十六字批示後遂願。此後，大師與江澤民又有過兩次會晤。回憶起第二次見江澤民時說：

「他也很高興，跟我談起佛學，他甚至能把《瑜伽焰口》裡的〈召請文〉，從頭到尾背出來。」大師見過國級領導人，包括中共中央政治局常委、全國政協主席俞正聲在內，初見均為一聲「久仰了！」如同我七載之前，在福建廈門國際會展中心，被安排首見俞主席，也是一句「久仰了！」才開始向他簡報。

台海網絡電視台播報新聞，視頻題為〈來自台灣嘉賓陸炳文的特別禮物〉，旁白曰：今天（二〇一四年六月十五日），前來出席第六屆海峽論壇大會的俞正聲，參觀了兩岸同名村活動圖片展、並偕同張志軍、陳德銘、尤權等省部級領導，聽取台灣代表陸炳文彙報。聽完十五分鐘簡報，意外收到一份禮物——產自台灣的大米，俞正聲主席欣然笑納：

「海峽兩岸不可分離，把兩岸的米，摻合在一塊，分不出誰是誰，我們血脈相連，命運也相連，未來也相連，謝謝你！希望常來常往。」事後陸炳文接受記者訪問，再補充說：兩岸一鍋米，變成了兩岸一鍋粥，再來也會是，兩岸一家親，變成了兩岸一家人。

到了二〇一五年六月十四日，廈門廣播電視集團、中國網路電視台，共擁一段視頻流出，以〈台灣代表陸炳文取九小塊泥土裝盒送給俞正聲〉為題，播報在去年的海峽論壇上，台灣閩台同名同宗村交流中心主任陸炳文給俞正聲送來了一包台灣大米，寓意兩岸同胞的親情，像煮成一鍋粥的米一樣，不能分離。

今年的第七屆海峽論壇，陸炳文又來了，還帶來花了一個多月時間，精心準備的禮物。他特意跑到台灣六個市縣，及漳州、泉州和廈門，取了九小塊泥土，裝盒準備送給俞正聲。但送禮過程出了小小意外。因為木盒老舊，壓扁合在一起，結果，泥巴混在一起，分不出哪是哪，這樣也很好！謹以這個你儂我儂的泥巴，代表兩岸同名同宗村的情誼。

你泥中有我，我泥中有你。這話寓意大且深，讓俞正聲很感慨。同名村也是同根村、同心村，它飽含著同胞們愛鄉愛土之情，也是在告訴後人，兩岸同胞是一家人。兩岸同名村、同宗村得加強聯繫，這是民族文化的傳統，也是兩岸人民增加來往，在來往中增加合作機會，來提高我們共同的生活，改善我們共同生活的優勢，應該把這個優勢發揮好。

後來，陸炳文選擇將這些泥土改交由兩岸同名村青年，灑在廈門海滄區院前社的同心果園裡，希望混沌不分泥土，能為果園裡這些由同出一脈的兩岸宗親，共同種植的同心樹，供給營養。正好這九個地方，代表性很足，本來大家就不分彼此，合成一個命運共同體、和諧共同體，兩岸一家親，慢慢走向兩岸一家人。

事後記者詢問陸炳文，為什麼如此泰然自若，對著大陸的國級領導人，一再代表台灣發言，怡然自得，甚至處變不驚。我笑而不答，一旁友人代為回應：見多識廣，在台北連老蔣、小蔣全都見過。兩岸的記者恰好在現場，記錄了這意味深長、意義深遠的一幕，這是繼星雲送《百年佛緣》給習大大之後，罕見成功贈予大領導及三、四號大人物一包台灣大米和一坨泥巴的實情。

陸炳文寫本文，並不在套交情，用意盡在不言，實欲通過難得機緣，與大陸領導人接觸的過程，一再表達台灣同胞的和平觀，不管是大米抑或泥巴，不論米水或泥水，分別摻和在一起，由包容彼此、融合發展，進而和平演進，成為共同體，此乃天經地義、自然不過的事！

34

結合佛學和書法藝術大家愛

「從星雲大師『一筆到底』的字，可感受佛法滿滿能量，期盼每個人的心和佛教結合，讓佛法走入日常生活，讓每個人都能發揮菩薩精神，在社會中扮演好自己的角色。大師視力欠佳後，下筆沾墨水，就需一筆完成，發展出『一筆字』，充滿禪意風格，是佛學和書法結合藝術，深受大眾喜愛。」桃園市的市長鄭文燦，如此推崇星雲的書藝。

以上是二〇一七年一月三日，中評社報導「星雲大師一筆字書法展」，在桃園市府廣場登場，引述鄭文燦的講話。二〇二一年十一月二十四日，陸炳文前往桃園大園青埔特區，參觀才開館不久、全台首見之橫山書法藝術館，發現鄭市長的話已落實在此而讚嘆；直覺外觀融合了硯台、和墨池意象為一體，雲水三千，池天一色；環顧內景也結合了佛學、與書法藝術，在一起和平共生共榮，素雅萬分，禪意十足。

這樣規劃設計建成本館，具有禪風的建築群體，正如佛光山之人間社，稍早發消息指出：展館座落於一方埤塘水岸邊，建築運用埤塘為「墨池」的意象，濱臨埤塘水岸的五棟展示館，形似書法「五方篆刻」的硯石，建築與地景巧妙合而為一，簡而不繁，靜而不躁，如同美人照鏡般的建築語彙，獨具人文藝術風格。

報導還特別強調，橫山書法藝術館，建築具有禪風，搭配館旁的埤塘地景，以展館作硯石、埤塘為墨池，令人耳目一新；開館首展「飛墨橫山」展出五十一位國內外名家的書法藝術作品，呈現多元的書法藝術美學，讓人在國門附近就能欣賞到中華傳統文化中的漢字之美。這樣的巧思和安排，既受書藝愛好者的歡迎，更符合星雲大師的期待。

星雲大師推廣漢字，不遺餘力，如今佛光山在全球，共設十餘座美術館，近幾年興建的新道場，星雲都要求必須附設美術館，一概取名佛光緣，還有兒童美術教室，來推動書畫美學教育，可見對人文藝術的推廣相當用心，成效卓著；此外，大陸已有幾個地方，建好星雲大師書法館，陸炳文曉得的部分，湖南長沙就有一座。

大師自認為一生中有三個短處，其中一個就是，不會畫畫寫字。其實星雲可算是當代墨跡流傳最廣的佛教界領袖。每年農曆春節前，書寫的紅紙春聯條幅，歷來相當搶手，總要印刷三百萬份以上，才夠配給到全世界，由各地道場跟大家結緣。多年以來，為了滿足求字者，寫過數千幅的墨寶，甚至連拍賣場都見得到作品。

我們尊稱星雲為業餘書法家，練字之勤，特色獨具，並不為過，他不反對。大師嘗言：「我練書法、寫字，以『一筆字』結緣，我也可以算是『藝術和尚』。」星雲主張「關心政治，不代表問政」，表示政治人物，也是眾生之一，並一再申明過：「我的弟子，不分藍綠，但都是佛教徒。」如同藝術不分藍綠、書法作品只見黑白、只有寫的好壞之分，沒有顏色差別一樣。

日前陸炳文為文人雅集粥會百年慶，策籌百粥百福百和書作邀請展，廣向全球華人華僑名人名家索字，便邀到三位比較熟識的地方首長，內有嘉義市長黃敏惠、花蓮縣長徐榛蔚、桃園市長鄭文燦，以及前立法院長王金平等參展，正是受到星雲大師影響，眼中書作並沒有藍綠，想必中評社發稿亦同。

對於寫字，大師常說：「我的字承蒙眾人不嫌棄，而能登大雅之堂，如果要說有什麼價值，就只是出家七十年來，憑藉一份與人結緣、給人歡喜的心罷了！」「我無法像剖心羅漢一樣，運用神通把心挖出來給大家，不管如何，請大家不要看我的字，不要看我的人，看我的心就好；甚至也不要看我的心，要看佛法。」

日前，陸炳文十訪佛光山，二度參觀佛陀紀念館，會見了館長如常法師，還受贈大師之年度箴言：「處世無畏、和平共存」八字條幅，卻不同於一般人拿到的、紅紙墨色大眾普及版，而係燙金的精裝中堂，感恩師父！感恩大師！感恩佛祖！

千山鳥飛絕
萬徑人蹤滅

鄉
王金平

福
徐榛蔚

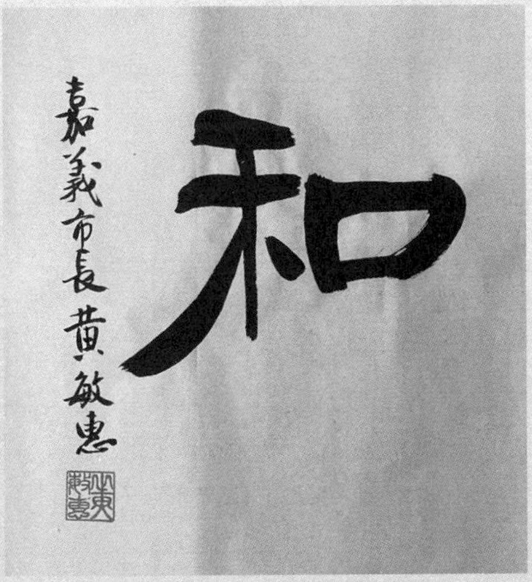
和
嘉義市長黃敏惠

35 太空人受素食練習有無吃素

人間佛教領軍人物星雲大師，不只關心教界的地上人間事，也關注天外有天之太空人事，包含宇宙間真有外太空外星人存在？航太導向有需探尋內心世界新大陸？美國太空總署如何訓練新人出任務？太空人有必要加強禪定瑜伽等考驗？受過素食集訓還需要練習改吃長素？這幾個問題且看大師的即興解答！

二〇一九月七月二十三日，《人間福報》上，刊出星雲大師大作、〈宇宙間有外太空嗎？〉自問自答下，解決眾疑惑：阿彌陀佛不就是外星人嗎？乃至十方無量諸佛菩薩，不都是外太空的人嗎？因此是否真有外星人？外太空是否有生命的存在？在佛教「此有故彼有」的理則下，我們這裡有，那裡也應該會有。

宇宙間真有外太空？外星人真的存在嗎？以下箴言，不答自解。星雲提示，現在美國已把太空人送上了月球，科學家也已證實，別的星球上確有生命存在的跡象，未來也許有一天，真的證實有外太空人的存在，到了那個時候，地球上的人類，對他們而言，就是外太空的人，因為所謂「外太空」，只是一種相對的說法，甚至是一個假名。

我們的「法身自性」是「橫遍十方，豎窮三際」，是大而無外、小而無內，是無處不遍、無所不在的。因此未來希望人間，能有多一些人像過去鄭和下西洋，像哥倫布發現新大陸一樣，引領人類發現更多的新世界，尤其更重要的是，拓展自己內心的世界。航太導向有更重要需求，去探尋內心世界新大陸。

至於過去，航太事業龍頭老大，美國太空總署，如何訓練新人出任務？大師給了真知灼見。二〇二〇年三月八日，星雲講〈心經：心的道路〉一文稱：當年在美國，太空人要接受各種技術、各種能力的訓練，其中也包含了禪定、瑜伽的訓練，通過層層考驗之後，才用火箭將他們送上月球。不得了啊，以後大家統統都相信科學，不相信佛學，不相信念佛了，要想往生極樂世界，只要火箭一發射就成。

其實，科學沒有佛學有用，科學能把人訓練好後，送到二十幾萬英里的月球上去，但是不能把一個人訓練得登入自己的心坎裡。要讓我們的心，登入我們心上的世界，科學沒有辦法做到，要靠我們自己才有辦法。故極樂世界須內求，是我們心裡的世界。至此一舉解決稱心兩個問題，內含稱職太空人，尤其有必要加強，禪定瑜伽等考驗！

我在意的是，太空人已受過素食訓練，還需要習慣長期改吃素否？答案就在大師法語裡。二〇一六年十一月五日，〈星雲人間系列／素食與護生（上）〉，文章結語：「素食能培養耐力，過去美國太空總署訓練太空人，也都會安排太空人做素食的練習。」理由在於素食實在有很多的好處，不但有益身體健康、幫助心地柔和，還能增加耐力。

第一位登上太空的華人、台灣師大附中五七年班畢業，赴美深造就業的王贛駿，一九八五年六月下旬返台，接受陸炳文專訪時，在台北王氏大宗祠坦言：「訓練歸訓練，乘太空梭時，太空食物中並沒有素食，只帶上太太做的炒羊肉，也有老美去超市買了牛肉罐頭就上天；我還偷偷地多帶了一面青天白日滿地紅國旗，回來送給行政院俞國華院長。」

陸炳文著實很幸運，見過王贛駿之後十七載，又有幸在二〇一二年九月二十九日，於北京市郊的軍事重地、航天員科研訓練中心貴賓室，會見了大陸航天員，神舟九號的景海鵬、劉旺、劉洋三位，做了歷史性接觸，此乃中國太空人跟台灣同胞禮遇交會的第一次，見面時送上結緣品，也成為全台第一人，短短六分鐘得知機密，在此首次對外公開，基於國人吃貨基因，登上太空的最愛，是享用魚香肉絲，大出星雲大師意料。

二〇二一年十二月十六日，中央軍事院校校友總會在台北，召開第十三屆第三次會員代表大會，陸炳文受邀列席，與鄰座金管會前主委、國民黨前中投董事長陳樹德談吃素，有和平飲食一說：「這個世界上，弱肉強食，是所有戰爭與痛苦的根源，只要放下肉食，足以拯救世人，戒除葷食，就可以為地球和平，貢獻一份心力！」

JPL
王贛駿
5.17.85

36

中壢禪淨中心與吳家因緣深

「二〇〇三年，吳伯雄把他在中壢的老家——吳老先生執醫的診所，捐借作為佛光緣，提供給當地民眾有個共修的場所，並在每年新春期間舉行祈福團拜。」星雲大師至今仍念念不忘此事，來台之初曾在附近落難，幾乎流離失所，所幸有吳伯雄的父親，吳鴻麟挺身而出相助，伸出援手相挺，不然星雲流亡他方，台灣從此少一大師，彼此都是損失。

為圓滿大師在南桃園中壢受難處弘法有所的心意，寺院的道場功能要多元化，佛光山的中壢禪淨中心，二〇二〇年底才修繕落成，成十方信眾安心處所，此乃國際佛光會中華總會榮譽總會長吳伯雄及其家人，十八載之前，就發心無償無限期撥用，把吳氏祖宅交給佛光山，從此是供集會之用、是世間的學校，是信仰的中心，是提供精神糧食之處，是累積生命資糧之所，是涵納政教和平共進的典型。

星雲認為萬事萬物，都是因緣和合所生。佛法又告訴我們，「諸法因緣生，諸法因緣滅」，道場能讓大眾廣結善緣，讓信眾的心有所依靠，找到真正的安心處所。二〇二一年十一月二十五日感恩節，陸炳文感恩有您，預官聯誼會名譽會長吳伯雄無私的奉獻，大師如彌勒佛般的笑納，重新打造成現代化水月道場，廣結善緣讓大家的心，有所依靠、有所安頓。

桃園市中壢火車站前中正路上，這一棟日據時代興建的巴洛克建築，映在眼簾，現在這裡，既是「佛光山中壢禪淨中心」，也是「吳志揚服務處」，是什麼樣的因緣，讓這棟古老建築涵納了宗教與政治呢？原來這棟兩層建築物吳氏祖宅，本為吳伯雄之父吳鴻麟居士執業之「中壢醫院」。「我們一家四代都是佛光人！」吳名譽會長自稱。

為此緣並紀念乃父、與星雲大師之因緣，吳伯雄將舊宅借予佛光山，用以設置佛堂，作為中壢區的弘法據點，兼具當地政教中心功用。據我瞭解，此處於二〇〇三年七月間成立中壢佛光緣，二〇〇四年始更名中壢禪淨中心。陸炳文還在桃園讀中學階段，就曾來過這裡尋蹤覓跡，傳說中老縣長吳鴻麟跟星雲緣結這棟建物，緣起吳家法屋。《百年佛緣三／社緣篇一》〈吳伯雄四代佛光人〉文中，大師自己告白：

「初到台灣的一、二個月期間，幾經飄泊，到處掛單無著，後來好不容易才得以在中壢圓光寺棲身。但那時台灣剛剛經歷過『二二八』事件不久（一九四七年二月），社會瀰漫著一股肅殺氣氛，對旅居在台的外省人的安全來說，更是飽受威脅。……在治安方面，他（台灣省主席陳誠）以軍事管理為主，使得全省的百姓也如同身處軍營一般。所謂白色恐怖，指的大概就是那一個時期吧。」

「我居住在中壢圓光寺，知道這並非長久之計，只不過暫時掛單而已，於是就寫信到香港求助。因為在一九五一年左右，家師志開上人是棲霞山的住持，當時棲霞山在香港建有一所下院叫鹿野苑，我想此時應該可以藉助這個關係，請他們幫助我到香港居住。……一個徒弟星雲某人落難在台灣，能不助他一臂之力，……託人帶三百塊港幣到台灣，要給我買船票到香港，但這時我被警察逮捕。」

「先是關在中壢的拘留所，後來移到桃園的一個倉庫裡，因此與香港來的人失之交臂。那時佛教好像大難臨頭，從大陸來台的僧侶，如慈航法師等一百多位法師，一起遭到政府逮捕拘禁。幸經前台灣省主席吳國楨的父親吳經明老先生，及孫張清揚女士和多位立委、監委奔走呼籲，終於在二、三天後，把我們保釋出來，我才又回到中壢圓光寺……。」

「當時吳鴻麟先生（中壢圓光寺信徒總代表）是縣參議員，也是中壢的名醫，仁心仁術，嘉惠病患，同時擔任中壢警民協會會長。我心想，這種有地位的名門望族，我哪裡能高攀，哪裡找得到他來幫我報戶口呢？（同為大陸僧青年）智道法師說：我找個時間帶你到他家門口，去拜訪、拜訪看看。真是因緣湊巧，這天正當徘徊中壢吳家的門口時，吳鴻麟先生剛好要外出，我上前自我介紹：吳議員，我是大陸來台，正掛單於中壢圓光寺的出家人，我有身分證，想拜託你幫我報戶口。」

「吳家的不遠處，就是中壢分局，我們進入分局後，吳議員便交代說：替這個師父報戶口。那些警察只有恭敬配合，也沒有談到入台證的問題，所以我就順利報了戶口，並且取得居留證。現在回想，如果當時沒有得到吳鴻麟老先生支助，無法報得成戶口，那就是和台灣無緣了，那麼現在的我，又將會流落在何方？」

在此落難，永生難忘。說得也是，幸好有中壢禪淨中心與吳家因緣深。感恩吳伯雄的父親吳鴻麟，七十年之前，有緣巧遇星雲於家門口，尚且好心及時地伸出援手；否則試想，我今日這篇文章，也就寫不下去了，吳名譽會長數日前，專為陸炳文的著作《十方如意：星雲大師十方行誼與我卅載佛光緣》，題寫書名《十方如意》四字，亦同樣要做白工，奇妙恩典！神奇佛緣！

歡迎入內禮佛參拜
佛光山中壢禪淨中心
查詢電話：(03) 2804280
傳　真：(03) 2804282

愛與祥和
131

吉祥

37

世界神明聯誼會如同嘉年華

「今天所有神明，都回來拜佛祖老大；台灣神明有千萬信眾，為何不走上國際，與佛祖、耶穌一樣平等；台灣成為宗教聯合國，宗教融和免除戰爭。」二〇一四年「世界神明朝山聯誼會」甫一開幕，星雲大師於十二月二十五日，在佛陀紀念館大覺堂與神明、信眾接心時，談到神明與佛祖的關係，歡喜舉例表示：

「媽祖與觀世音菩薩有師徒關係，關公是天台智者大師的弟子，仙人呂洞賓是黃龍禪師的弟子，清水祖師本來是出家人。媽祖文化則源自三百年前，樹壁禪師從福建，將媽祖像揹到台灣的北港媽祖廟，經過不斷分香後，而逐漸普遍；為了世界和平著想，眾神明就要團結聯誼，讓台灣成為宗教聯合國。」

在台連續辦理十年的世界神明聯誼會，又將在佛光山佛陀紀念館登場，二〇二一年嘉年華會，這是宗教領袖星雲大師，二〇一一年倡導發起後，成功促成跨宗教、跨種族的對話，包括媽祖俗信、天主教、基督教、伊斯蘭教、道教、一貫道等不同宗教信仰，都融合一堂，如同大拜拜，成了近年最盛大的地區正信民俗文化交流活動。

此一世界神明聯誼會，自六載之前的二〇一五年起，改由中華傳統宗教總會接手，主辦以來的年度最大盛會，已為全球宗教交流寫下歷史新頁。一年一度的神明聯誼會，早已是聞名海內外宗教活動，今年（二〇二一）聯誼會籌備事宜，正積極展開必要準備工作。

為防疫需要考量，將採取分流、分時段，減少群聚為重點要求，從原先固定在一天內，每年十二月二十五日集中，改變規劃成十二月十九日至二十五日共七天，各地宮廟擇其一天前來，延續年年舉辦的神明聯誼嘉年華，兼顧防疫，持續凝聚信仰的力量，消除災難，遠離疫情。

中華傳統宗教總會第三屆第一次會員大會暨理監事聯席會，十月二十三日才於佛陀紀念館、禮敬大廳二樓五觀堂舉行，順利選出新一屆總會長為佛光山住持、心保和尚上任表示，世界神明聯誼會至今，已進入第二個十年，每年各宮廟神明，回到佛陀紀念館相聚，人天歡喜，代表宗教界的和諧與融合，這是人類最珍貴的和睦精神，也藉此向世界發聲，傳達愛好和平理念。

心保和尚還指出，星雲大師的理念是「集體創作」，在大家的努力下，舉辦多年神明聯誼會，各地神明齊聚佛館，透過這個平台，讓宗教大融和，看到世界和平。大師曾說過：「信仰的重要，跟生命一樣。」又昭示：「每個人心中所認定、所信仰的，在他心中都是最偉大的。」心保和尚強調，這就是宗教平等的精神，希望大家一本初衷，繼續和中華傳統宗教總會，一起往前邁進世界大同。

十一月二十六日，我打電話給台灣師範大學五四級同學、立法院前院長王金平，祝賀他上月（十）下旬剛卸下世界神明聯誼會第二任總會長，馬上被聘為榮譽總會長，並獲頒感謝狀、獲贈佛光大佛，此係首位獲得者，以表彰任內舉辦六次神明聯誼會，並創下世界紀錄。

王金平甫發表感言：「台灣在疫情上，相對控制得較好，相信是有龍天護法、各路神明護佑，善心善業具足，所以有此平安福報，可以說歸功於大家護持宮廟，獲神明加持。神明聯誼會在宗教界已有好口碑，感謝大家支持中華傳統宗教總會、感恩星雲大師的高瞻遠矚。」

二〇一九年底，陸炳文到訪金門就聽說，金門人亦感恩有星雲，當地天后宮媽祖會及媽祖傳統民俗才藝協會，聯合組團參加二〇一八年世界神明聯誼會，蓮花鑼鼓陣的陣頭演出，十分地搶眼，而大受歡迎。當年世界神明聯誼會，依例於十二月二十五日在佛館舉行，規模卻比往年都要大，到場共聚的宮廟達七六八家，海內外神尊高達三四七八尊，雙雙刷新了世界紀錄。我作為金門榮譽縣民、台灣中華媽祖俗信文化研究中心創辦人，與有榮焉！

而去年（二〇二〇）的世界神明聯誼會，同月同日在佛館出台，雖然略受疫情的影響，仍有來自全台各地，由北到南的六八八家宮廟齊聚一館交誼，共同禮拜神佛，穿插娘傘團、鑼鼓隊、黃俊雄布袋戲團、小西園布袋戲團等表演藝術團體，也在菩提廣場表演，別有一番盛況。

何況一年多前的世界神明聯誼會，前置作業中特別安排暖身活動，先後邀請宜蘭佛光大學及嘉義南華大學，到佛館開辦「二〇二〇世界神明聯誼會共識營」，盼望藉由活動共識的凝聚，為年底神明聯誼活動的啟動，注入新血輪來產生育成創意，而成為年輕化新風貌的新起點。

後來從新聞報導上看到，各宗教神尊共赴盛會，場面壯觀、創意壯大，也看到信仰的尊重與包容，若加快腳步年輕化，扎根後基礎更穩固。

我稍早去佛大造訪，很想實地瞭解一下，神明在年輕學子心目中，是怎樣的樣子呢？已經十週歲的世界神明聯誼會，又將如何繼往開來呢？讓此項活動展現新風貌，在未來十年邁向創新，並走向國際化俱見成效，切實破除周邊彼此間隔閡，有效傳達追求世界和平理念。

印證佛光大學系統總校長楊朝祥的話，神明是大家熟悉的民間信仰，而佛教在佛光山的推廣下，由山林佛教走入人間佛教，兩相結合在一起，成為社會大眾重要的信仰力量，若能以高等教育的學術為後盾，相信對於世界神明聯誼會的發展，尤其在年輕化、國際化方面，均將有重要的助益，和產生重大影響力。綜觀歷年來，參與活動的宮廟，神尊無論來自境內境外，最大宗皆以天上聖母媽祖為多。

另外，觀音佛祖、關聖帝君、土地公、三太子等，台灣最廣為人崇拜的菩薩和神明，亦齊聚到佛館，參加神明聯誼。由四面八方而來的神尊，高座塔剎，信眾隨處休息，佛菩薩與人天，同聚佛陀淨土；神尊靈山勝境交流，各宮廟也因此結緣，宮務交流密切頻繁，增加了宮廟間，聯誼交往機會。

陸炳文就覺得，世界神明聯誼，和平欣欣向榮，值得一辦再辦，一直辦理下去。續辦的理由很清楚，儒釋道皆揚善，精神也都相通，在落實星雲大師理念的精髓，面向三千界廣行三好，推動「做好事、說好話、存好心」。

世界神明聯誼會共

20年世界神明聯誼會共識

38

老二哲學回頭是岸諸事圓滿

「老二哲學」、「回頭是岸」、「諸事圓滿」，這三句話，都是星雲大師講的，事關多人，卻均與吳伯雄有關。其中一事，發生在一九九四年，星雲大師文章中點明：吳伯雄有意參選首屆台灣省的省長，而同黨的宋楚瑜先生，則是黨所屬意的人選，一時「二雄相爭」，僵持不下。

星雲自稱，「我知道此事後，就約他檢討選舉的得失。」他當時信誓旦旦地說，一定要競選到底，哪怕台灣省就只剩下一個阿里山，他也要競選省長。當時宋楚瑜先生背後，有很堅強的後盾，擁有很雄厚的競選資源，他們二位在國民黨裡都是一時之選。

有一天，陸炳文上台北道場，約好求見大師，當然不會為那件事不關己的「二雄相爭」而去，才坐定會客室，交談了一會兒，（慈）容師父推門進來，把手機交給星雲，我正欲起身，走開迴避一下，大師做一個手勢，叫我留在座位，恭敬不如遵命，就這樣聽到了他們的對話，事隔二十七年，早已時過境遷久矣，其實說出來也無關宏旨。

陸炳文不必洗耳，也能恭聽到星雲力勸吳伯雄所說的兩虎相爭，必有一傷；果真有心，為民服務的話，什麼不可以做？為什麼一定要選省長呢？就像佛光會，其實也可以乘興而為，不是一樣可以，擁有無限的揮灑空間嗎？大師的意思，主要在勸退：「退一步想海闊天空，人生不一定要做老大，做老二，也有老二的妙處。」

後來，「老二哲學」這一句話，就這樣流傳下來了。甘作身後的老二，基於自身實際狀況，做出一個次佳選擇，正確取捨並不容易。最後，吳伯雄還經過了九十多歲的老父吳鴻麟臨門一腳的勸諫，終於點頭同意退讓。國民黨中央至此也才鬆了一口氣。之後有報紙報導說，吳伯雄因為星雲的勸說，就二話不說「回頭是岸」了。

此事我可作證，受人勸說的消息屬實；大師則想，受勸者風度佳雅量大，不但贏得了大家的喝采，最重要的是，結束了一場政治紛爭，無形中惠及全民，可說是功德無量。從此之後，吳伯雄就一直以當佛光會總會長為樂。此即第一件事的原委，證明了「老二哲學」真受用，既不做第一，又不做第三，而只是緊跟在排名一號後面，甘願做老二，最後「回頭是岸」。

另外一件事，則是溯及二〇〇五年，馬英九和王金平角力，競逐國民黨主席，雙方互有競爭。為了避免兩敗俱傷，大年初二，吳伯雄邀約二人，到中壢佛光緣禮佛、晚宴，主人要星雲寫一幅字致意。大師寫了對聯「退一步逍遙自在，讓三分吉祥平安」，橫批題了「諸事圓滿」。那天的氣氛，和諧融洽，和平收場，星雲為此，感到歡喜不已，認為非常有意義。

此即二〇〇五年七月十六日，舉行黨主席選舉，依規定擁有黨權的黨員，始有資格投票，計票結果選出新任主席；這是國民黨創黨一一〇餘年來，首次有競爭的、民主的、開放的黨主席選舉；兩位候選人全為黨之副主席、分別是時任立法院長王金平、與台北市長馬英九打擂台。

黨中央於選舉日當晚，即時召開記者會，宣布馬市長當選；王院長也很有風度，在第一時間致電小馬哥祝賀，顯而易見，禮佛和晚宴奏效，「諸事圓滿」做功德。中國大陸方面作出反應，中共中央總書記胡錦濤，亦於翌日（十七）發來賀電。

其實在二〇〇五年二、三月，國民黨內早已悄悄出現勸進連戰續任黨主席的聲音，甚至要求修改黨章，延長黨主席的任期。面對部分國民黨內中高層的勸進，連戰低調不予回應。王金平則是維持尊連的立場，表達連選、我不選的立場；馬英九則是表達參選後，絕不退選，馬英九被對手批為「逼宮」，很不尊重連主席。

吳伯雄似已深諳老二哲學，而安排馬、王二人進入中壢佛光緣調解，星雲又是對聯、又是橫批在後，前後發功，功不可沒！十一月二十六日晚間，陸炳文與王金平通話，致謝收到粥、福、和三字書作，並無意探究此事所造成的影響如何？而是好奇在當年，倘若王金平選上，今日政局該如何？老二哲學、回頭是岸、諸事圓滿，再請大師，給個答案。

區關係與公衆參與」座談
主辦單位：社團法人中華危機管理協會
'94 6 8

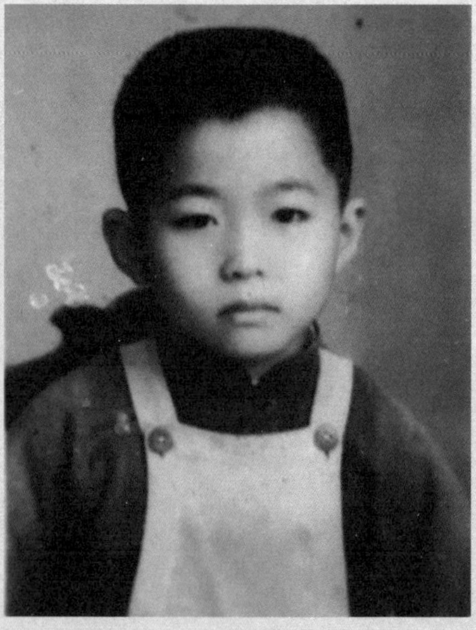

39 造橋給人方便還有渡人功能

最早期建設佛光山之時，為方便十方徒眾進出，星雲大師在深溝上蓋了一座橋，以此連接大雄寶殿、大悲殿，並命名「寶橋」，於一九七一年四月十一日，和佛光山第一座殿堂大悲殿，同步開光落成。歷經半世紀，走過寶橋到大悲殿禮佛的人，已是無以數量計，大家普受造橋惠。

大師近年來更有鑒於許多年長信眾因身體因素，已難再登舊「寶橋」，斜坡與階梯諸多不便，於是在建橋五十年後，再造一座橋有了新連結，給人方便，等於也給自己方便，皆大歡喜，功德無量。二〇二〇年一月二十四除夕，新寶橋正式通行，於大悲殿舉行「佛光山新寶橋通行灑淨法會」，二百人見證歷史時刻，心領神會星雲、佛光山開山慈心悲願。

陸炳文家住台北文山區，上了景美溪那座「寶橋」，走過寶橋路便是新北新店區，近日上佛光山禮佛的友人告訴我，回山發現新生事物：到大悲殿多了一道便捷的橋。這是因著大師存好心，為讓年紀較長的佛光人可以更方便通行，仍在舊橋原址上，再建「新寶橋」，以便利大眾前往禮拜，聞之者同樣很感恩，對造橋者感激不盡。

據我的瞭解，將近兩年前，灑淨法會禮請本山住持心保和尚、副住持慧倫法師、慧昭法師主法，領眾行經新寶橋、同登法界電梯等處灑淨。心保和尚明示，今天新寶橋通行灑淨，可謂「千載一時，一時千載」，大家都是歷史的見證者。星雲大師在五十年後建造新寶橋，一切的一切，都是為了給人歡喜、給人方便，落實人間佛教理念。

心保和尚引述《華嚴經・淨行品》：「若見橋道，當願眾生，廣度一切，猶如橋樑。」說明「橋」除了給人方便，還有「渡」的功能，能夠從此岸到彼岸。佛法能夠自渡渡人，自勉勉眾，學習新寶橋的精神，做個能渡眾生的菩薩。心保和尚進而提示，「要能夠如實，達到星雲大師的願心，是建造新寶橋時，最大的考驗。」

佛光山開山寮特助慈惠法師，接著補充說，改建新橋之前，曾提出多個方案，大師卻不表示認可，僅說了一句話：「有佛法，就有辦法。」後來發現大雄寶殿、大悲殿的長廊高度相同，因此新寶橋就從大殿長廊，直通大悲殿長廊，法師指出，當時深刻體會：「大師的用意，就是要我們學習，從學習中成長，讓自己的心中，產生一股信仰的力量、智慧的力量、禪定的力量、自覺的力量，自信有佛法，自然有辦法。」

面對此情此景，不就如同登上法界電梯一般，也是為了方便信眾走進大雄寶殿禮佛，才建置了便捷通道。星雲大師始終記掛著，如何給人歡喜、給人方便。慈惠法師又感心表示，感謝觀世音菩薩，工程一切順利，「今日大眾以實實在在的心，走過新寶橋，是最真真實實的修行，極樂世界不過如此。」如此誠心誠意祈求，更讓見聞者滿心歡喜。

本山新寶橋利益眾生開放通行，得以延續下個五十年慈心悲願，這讓待過工程單位的陸炳文，很窩心很容易地想起星雲大師有過的大作〈過河要拜橋〉，那篇鴻文寫道，有一句成語說：「過河拆橋」，意謂受人幫忙，事成之後，忘恩負義，這是不懂得感恩圖報。如果我們能夠「過河要拜橋」，這即是知恩報恩，就是給予他人，應有的回饋也！

走在路上，天氣炎熱，在樹下休息，要感念前人種樹，我們後人才能乘涼；想到身邊的歷史文化之豐美，必能感念古人的辛苦和成就。因為有前人播種的因，才有我現在收成的果。如果沒有人肯把道路修好，到處坑洞，我必危險！每個人的一生，可以說都是在社會大眾的共同成就下，才得以生存，所以做人要有感恩心，要懂得回饋社會。

我待過九年之久的經濟部國營事業BES，於完成民營化前一甲子，在海內外造橋鋪路無數。前者例如台灣首見架樑西螺大橋，全長接近二〇〇〇公尺，寬七．三二公尺，共三十一個孔架，為遠東第一大鐵橋，全台南北運輸的交通樞紐，便利人車南往北來貢獻頗大，一年一度的西螺大橋觀光文化節，今年雙十國慶隆重登場，樂見國家重大建設成果活化石。

後者則如泰國宋卡橋，乃該國最長的公路橋樑，橋身長二六〇〇餘公尺，大橋跨過宋卡湖，連接宋卡府的府城、與沙挺拍半島，以湖中心由中島分成兩跨，各長九四〇公尺、一〇〇公尺，跨湖橋建成，特冠以當時的泰國首相之名，既為當地提供交通便利，又替中泰做好國民外交。

比起中國大陸建造的港珠澳大橋，西螺大橋與宋卡橋皆小巫見大巫，但對造福地方利益觀功德一樣大！不因造橋長短難易度而生差別心，陸炳文有資格講這句話自有道理，唯獨我有上過別無他車的三橋機緣，以珠澳大橋為例，何其有幸創紀錄。二〇一八年七月九日經特許成功登橋，偕同行來自台灣、澳門、和廣東的三十餘友人，受邀帶著強烈的民族自信，榮耀地走上三十公里的主橋，奔馳出從未有之人生新體驗。

今日回想當時的我，站在空無他人他車，且尚未正式通車的橋面上，讓人重新拾回中華文明的自豪，與在台做個中國人的民族自尊，猶加感動於星雲大師法語真諦，感悟非但過河不拆橋，尤其必須「過河要拜橋」；再追念從新寶橋、西螺大橋、宋卡橋、到港珠澳大橋等，世上任何造新橋工程建設，給人方便兼造化渡人新功能，臻於和平止於天下太平境。

其實，在陸炳文心中，渡人成全人，渡人前先渡己，渡人是格局，渡己則是能力，據以先往自己內心深處，去找尋一個和平的世界，那麼外面熙熙攘攘世界，即使動盪不安，對自我影響變小，而變到微不足道，內心的和平呼喚聲高過戰爭，內心所塑造的和平、安祥世界一旦形成，那就天下太平了！

西螺大橋
陳誠

港珠澳大橋

佛光緣美術館
2015.8.12 Sing

佛光山叢林学院
男眾学部 2015.8.12 Sing

瀛嶠風景畫

輯四

共存

40 有佛法就會有辦法語出驚人

有信徒問星雲：「您常說：『只要有佛法就有辦法』，所謂的佛法、辦法，指的是什麼？」星雲告訴他：「慈悲、智慧、包容、平等、方便、善巧，就是佛法。」以上這句話，出自《佛法真義二》，佛學思想之部，一二三篇的〈有佛法就有辦法〉。

「有佛法就有辦法」一語，指的就是我們的心中，有了慈悲、喜悅、禪定、安然等法樂，就不會耽溺在五欲的虛妄快樂之中，對人間順逆的起落，也就可以自在安然地面對世俗得失的榮枯，同樣能夠怡然自得。因為一旦我們看透無常有限生命真相，就能夠放下執著，從煩惱裡解脫出來，從頹喪中重振力量，轉懈怠為積極，轉忿恨為慈愛。

從善如流如斯，如登衽席之上，我們如此一來，辦法油然而生，佛法也只領進門，造成圓融的心境，修行仍要靠自己，有佛法就會接近無礙。但是如果沒有智慧，不會運用佛法，不會圓融無礙，就像拿著一把鋒利的寶劍，完全不會比劃武功一樣，反而容易被寶劍所傷，反作用肇造，功敗垂成。

大師有過相關開示：印度史上著名的阿育王，和中國的秦始皇一樣，南征北討，所戰皆捷；雖然威伏四方，但阿育王出巡各國，所到之處，看到民眾的目光無不充滿仇恨，可知民心實未臣服。後來阿育王因為篤信佛法，改以慈悲仁道治國，人民安居樂業，從此德風遠播，廣為民眾愛戴尊崇。

有一次，阿育王再次出巡全國，只見夾道歡迎的百姓們個個欣悅鼓舞。這時阿育王不禁從心底發出由衷的禮讚說：「力的勝利，不是真正的勝利；法，可以戰勝一切；唯有法的勝利，才是真正的勝利！」這就是佛法所謂的平等精神，無我的寬大雅量。人，只有無私無我，才可以戰勝卑劣的欲望、貪求，獲得身心究竟的自由。

星雲指在禪宗裡面，又有一句話說：「平時一樣窗前月，才有梅花便不同。」佛法用得恰到好處，整個人生的境界都提升了。所以說「有佛法就有辦法」，主要是讓我們自己心中有一股信仰的力量、智慧的力量、禪定的力量、自覺的力量……當你學會了佛法裡面的「智慧寶藏」，自然就有本事走遍天下了。

舉例子來說，如夫妻相處，有人害怕婚外情，有人害怕感情不睦，實在說，只要夫婦雙方，持守五戒中的不邪淫，以愛語、同事相互扶持，不忘初心，家庭的和諧就有保障。也有人希望擁有財富、名譽、事業、和諧的人生。其實，不妄語而說好話，就能有好名聲；不偷盜而行布施，就能富足安樂。

佛教裡稱世間法為有漏法，因為在這個世上，儘管我們享盡榮華富貴，親眷恩愛不渝，如果沒有佛法作為生活的指南，則對於世間諸法，往往失去洞察的智慧，對於五欲六塵，也不易有所醒悟，生命的境界自然無法提高，從而隨波逐流，起惑造業，苦痛連連。

反之，學習佛法、實踐佛法，能讓我們看清世間真相，了知一切的生滅輪轉，都是緣起的現象。當我們看透生命真相，就能夠放下執著，從煩惱裡解脫出來，從頹喪中重振力量，轉懈怠為積極，轉忿恨為慈愛。所以「有佛法就有辦法」，指的就是我們的心中，有了慈悲、喜悅、禪定、安然等法樂。

我們有了佛法，就不會耽溺在五欲的虛妄快樂之中，對人間順逆的起落也就能夠自在安然。佛法是人生的妙法，一個有法樂的人，就如同具備有各項武器的勇士，心境平和是他最好的裝備，不論身在貧富貴賤的環境、或面臨人我的稱譏毀譽等等，都可以用智慧去處理，去化解，去克服，為自己的人生，走出一條康莊大道。

當然智慧很重要，開義也很必要，倘若只是一味聽法、讀經，還不能真正體會出佛法精髓，要將聽聞的法吸收入心，將佛法融入日常生活中，對於法理就有深切的體悟，也有辦法，對大家分享；法入心、慧命增長，法喜油然而生，機與佛法同在，辦法自然手到拈來，取得佛法裡的智慧寶藏，必然就有本事行走天下，再生悅眾緬懷哲理、與夫感恩之情不遲。可見，「有佛法就會有辦法」，諸法亦有其最大極限！

當前已出現末世、亂世諸多怪現象，這個世界、這個社會，越來越亂，方方面面，包括宗教，對對錯錯，弄不清楚，是是非非，一時莫辨，真真假假，而且騙子當道，騙術千奇百怪；因為惡魔大行其道，邪不勝正面臨考驗！有某個如藥師佛的善知識說過一句話，講說：「佛魔共舞共存。」似有星雲大師明示，「機與佛法同在」之意。

所以，當今千萬不要一味想驅魔，要設想在佛魔共舞情況下，還能共存的方法來！佛法限度做到如此，這個社會固然漸好，世道人心無礙便好，那就沒有什麼好怕；若一直想要排除魔，那它還是魔，還存在，人也不可能去消滅它，只有依然故我用佛法，用自我佛心善對機變，這就是「空性」，正見在、智慧在、善巧在，機不可失才「有辦法」。

陸炳文早歲研究危機管理，常年專門處理危機事件，觸類旁通下深知，佛法所講無常，不是什麼都沒有，法中最著重在機，是應機與契理所在。契機，即所說的法，要契合當時的根機；轉機，使能於危機中，先行找到良機，這時再用到佛法化危為機起信解，轉危為安得利益。有佛法就會有辦法，星雲心語出驚醒人，個人揣摩淺見如上，未知大師同意然否？

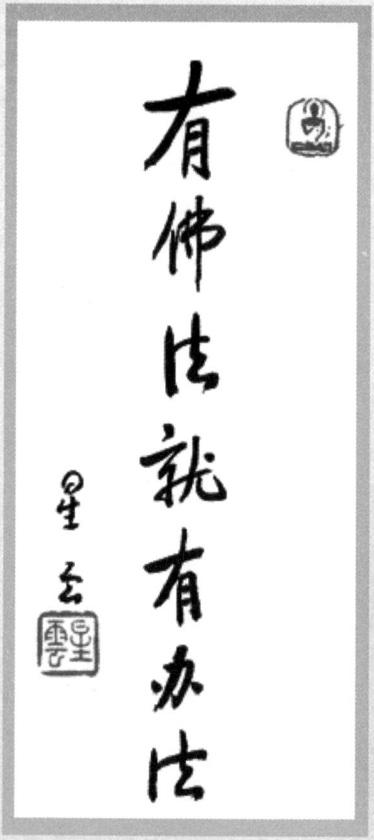
有佛法就有办法
星云

有佛法就有辦法
星雲大師 著

佛光山星雲

41

樂療畫療有效成為研究課題

「吳伯雄的夫人戴美玉女士，與他是青梅竹馬，從小一起長大，是一位愛好音樂的歌唱家。吳家一門，從吳伯雄夫婦，到他們的兒子、女兒，都喜愛唱歌，可以說整個家族都是唱歌的高手。二〇〇三年佛光山在台北舉辦『人間音緣』徵曲比賽時，吳夫人還帶著媳婦、孫女們，在國父紀念館同台唱了一首客家調的〈念佛歌〉，大眾報以熱烈的掌聲。」星雲大師曾經這樣描述吳伯雄一家人的歌唱天分。

「過去，做官的人都自恃身分，不便在公眾場合唱歌，但是我鼓勵吳伯雄居士，我說：『做官也沒有規定不能唱歌，你有這麼好的歌喉，唱歌也是跟大眾交流啊。』於是就從吳伯雄開始，後來像駐外大使程建人等許多高級官員，也都跟他一樣，莫不以唱歌為樂事。」所以，星雲提倡樂教弘法，由來已久，初始自宜蘭雷音寺，再加以精進為音樂療法，也就是樂療，用音聲來療癒他人心靈，唱出人間淨土的美好。

去年（二〇二〇）七月十九日，佛光山小港講堂舉辦佛學講座，主題為「人間佛教的梵唄音樂管理學」，主講法師介紹印度梵唄、中國梵唄、民國梵唄，直到星雲大師一九五三年弘傳的梵唄，以多首人間音緣穿插，過去傳統的佛教音樂，與至今的人間佛教音樂交相輝映，現場就像分享一頓音樂饗宴，充滿了喜樂喜氣和笑聲笑語。

根據研究顯示，唱歌劇的聲樂家，一般來講，心臟功能和普通人相比，更加活耀，因此經常快樂歌唱，可使人身心靈，更加健康。至於弘傳佛法，音樂種類甚多，有如：唄比丘唱誦梵唄，軍隊馬匹都被音聲攝受，連波斯匿王也感動到殺心盡除；馬鳴菩薩的「賴吒和羅」，感動華氏城五百位王子發心出家修道；「魚山梵唄」是曹植最早創作的佛教梵唄。

乃至經典裡《法華經》云：「或以歡喜心，歌唄頌佛德，乃至一小音，皆已成佛道。」《阿彌陀經》云：「彼佛國土，常作天樂。」「是諸眾鳥，晝夜六時，出和雅音。」「彼佛國土微風吹動，諸寶行樹及寶羅網出微妙音，譬如百千種樂同時俱作，聞是音者，自然皆生念佛、念法、念僧之心。」等，佛教也就以音聲來弘揚佛法，療癒他人的心靈。

眾所周知，學習佛法，心中要常住慈悲與喜捨，大師說過：「修行不要太苦，也不能太樂，以中道為主。」同時強調，未來的世紀要用佛教義理來做弘法方向之一，以音樂來提升心靈，將佛法更加大眾化，唱出心靈和諧，唱出人間淨土。

星雲從年輕一直到晚年，做了很多首歌詞，找了不少作曲家譜曲，然後傳唱全世界，到現在影響至鉅，有相當多的人信了佛，相信也有不少心靈創傷者收到了治癒傷痛的療效，自此，音樂療法、即樂療，傳播開來；換言之，音樂療法開始盛行。另悉同一時期，還有種繪畫療法、即畫療，亦大行其道。

去年（二〇二〇）一月十九日，佛光山人間通訊社，以〈瘋「畫」事六位女性的繪畫獨白〉為題，消息指出：一群畫友一起畫畫，一起學習，一同體會，不論在咖啡館、或在外面景區作畫，均為療癒創傷和放鬆自己的最好方式，皆成促進個人和悅、家庭和睦、社會和諧、世界和平，避免不和的藥石良方。

在繪畫時，可以產生「自心和悅」、有家人的支持，就能享有「家庭和順」；從習畫交會的包容裡，學到「人我和敬」，繪畫之美又思足增進社會和諧，進而以藝術文化推展世界和平，一支畫筆能連結多少善美因緣，畫療都會讓社會病態和世界亂象不藥而癒合。同一消息來源，稍早報導道場活動，稱佛光山惠中寺，簡單線條成纏繞畫，人人都是藝術家。

實況報導圖文顯示，有出生於新加坡的法師，從小就喜歡畫畫，習慣隨身攜帶紙筆，走到哪兒，就畫到哪兒，不是只有藝術家才能寫生，業餘初學者也能，只要專注在筆尖時，心會很沉靜，很有療癒。接觸纏繞畫者又表示，看似複雜的圖像，原來是以最單純的點線面構成，循序漸進，簡單易學，畫完有成就感，自然忘記病痛，而具療效。

陸炳文內子陸史瑛老師，學的是體育，教學也是體育，擅長的運動項目為游泳和籃球，從教在職有三年，跟美術教師學速寫，二十二年之前由國中退休，繼續畫事樂此不彼，或許勤奮加上天分，精進創新繪畫風格，獨自成為生活速寫，成績顯而易見進步。

史老師在十二年以前，順應需要開班授徒，也在社區大學、長青學院、忘齡協會，紅十字會，及老人服務中心等公益團體兼課，亦配合辦理過師生作品聯展五回，分別在台北、上海、山西太原，美國洛杉磯、舊金山等地成功巡展，頗受歡迎與名家肯定。尤其值得一提，她早於台灣癌症基金會，義務教授癌末患者習畫，師生皆十分投入，久而久之，竟忘了死期將至，不少學生至今，仍活得好好的，體現心魔與心靈共生、病體與人體共存事實。

稍早，史瑛在陸炳文牽線下，把六年前回高雄謁佛時作畫佛光山的景色，代表作兩張生活速寫：〈佛光緣美術館〉、和〈佛光山叢林學校男眾學部〉，贈予本山惠存典藏，而由慈容法師代收，亦在印證畫療可行性，為了心魔與心靈共生、病體與人體共存事例，提供必要的研究材料。

祐實同學會學長葉明峰證稱：「確實音樂及習畫有療效，被公認是健身良方也！」此即畫療明顯比化療（定期照射鈷六十）優而有效，且完全沒有後遺症的又一明證。目前還成為不少學術機構大有興趣研究的新課題。綜觀音樂和繪畫，均屬藝術創作的一環；再者樂療和畫療，也都是近年逐漸發展起來的，在藝術教師（非醫師）和病患間，心靈復健與精神療法中，一種新興醫療衛生保健科目。

歡迎中華粥友訪問團蒞臨金山
靜觀

智仁勇
拔除人的痛苦
and take away people's pain.
4:29

42 國際佛光會創蓮花手印品牌

星雲大師《僧事百講三／道場行事》第六講．佛門禮法問（二）：國際佛光會創有「蓮花手印」，蓮花手印代表著什麼意義呢？答：國際佛光會獨創的「蓮花指」，是一種表示恭敬的方式。受此一自創手印影響所及，自佛光山開山以來，交會見面，必打招呼，習慣以蓮花指，用來互道「吉祥」，彼此祝福，這是大師的主意，廣大徒眾的心意。

星雲開講佛光學，第十九課講佛光人情味，就提到蓮花手印之妙用，即「以蓮花手印海外遇救」的故事：暑假期間陳老師到國外旅遊，途經泰國時，錢包被扒手偷了。雖然護照和機票都還在，但身上已經沒有錢可以購買機場稅，心裡實在很著急。靈機一動，想到自己是國際佛光會的會員，佛光會組織遍及海內外，說不定能碰到會友前來搭救。

於是他便站在機場大樓的門外，以佛光會特有的手勢蓮花手印，和過往的行人打招呼。果然辦法奏效，一位來泰國辦事的佛光會會員，遠遠地看到，很高興地走過來問好，聽到陳老師的落難經過後，義不容辭伸出援手，不但為他支付機場稅，還贈予了一些旅費。陳老師終於順利地回到台灣。從此逢人便不忘提起，這段「以蓮花手印海外遇救」的故事。

兩岸神明聯誼會上，也屢見蓮花指請安，不只是人們如此道吉祥，還有神明、神將亦復如此，嘉義仁武宮三太子，就比出過蓮花指。二〇一三年十二月二十五日人間社記者的報導，〈你看！三太子比出蓮花指！〉：「嘉義仁武宮帶領三位神將三太子，不約而同比出蓮花指，和與會人士打招呼，大家見狀也以蓮花指回禮，畫面充滿和諧與趣味。」〈你看！三太子登玉山攻頂！〉說的也是另類和諧感、趣味性。佛光山《人間福報》上載，一位二十二歲的李姓年輕人，繼扛著三太子徒步環島後，趁著當兵前夕，又再度背起三太子挑戰玉山。背負著的三太子重達十公斤，另外加上鋁架背包及行李又加重五公斤，對著記者卻臉不紅氣不喘，直謂：「攻玉山比環島困難十倍！三太子代表台灣人克服困難的精神。」

這一種克服萬難的精神，很讓陸炳文受到感動，很快就聯想到麟洋配，是如何秉持台灣人精神，在東京奧運奪得金牌，擊敗許多全球男雙羽球手；更想起教子有方的王偉健和李峻清，同樣抱持著克難精神，選擇在雙十節國慶日，挑戰自我攀登上玉山，成功攻頂後合作再創新高峰紀錄，而二老致遠的負重，則是一面無比沉重國旗。

負重致遠一詞，語出《易經．繫辭下》：「服牛乘馬，引重致遠，以利天下，蓋取諸隨。」比喻能夠擔負重責大任。《三國志．卷三七．蜀書．龐統傳》：「陸子可謂駑馬，有逸足之力，顧子可謂駑牛，能負重致遠也。」也作「負重涉遠」。說到了負重涉遠、負重致遠，我記起大師偈語，受惠不淺。星雲言重輕遠近，受用不盡，謹錄八則共勉之。

一、我們當下所做的一切，只為了往後回憶起，還能夠為現在的自己感到驕傲。別擔心一無所有，既然已經身處谷底，還有什麼好怕的？朝著山頂努力攀爬吧！誰也無法預料，明天會收穫多少；別畏懼一敗塗地，挫折雖會讓人萬念俱灰，也能逼人重新崛起，幫你歷練一顆強大的心。但願將來的你，一定會感激，如今努力與拼命的你。這是谷底與山頂的共存。

二、要有平常心，得到的要知足，失去的別追悔，坦然接受面前的一切；要有包容心，放下曾經的恩怨，亦放下當初的敵人，讓自己多一些閒適恬淡；要有憐憫心，助人別求回報，布施別毀自尊，尋求精神的和諧；要有恥辱心，再難別破底線，再苦要守原則，別輕易放棄靈魂的高地。人生就這一輩子，關鍵是要活出自己。這是得到與失去的共存。

三、志向要遠些，目標要近些，與其躺在原地做夢，不如逐步靠近夢想；選擇要遠些，行動要近些，鍥而不捨終有成，好高騖遠皆是空；投資要遠些，投入要近些，不要貪多求大，最後壯志難酬；人脈要遠些，人際要近些，利益驅使的並非深交，心神相映的方是至友；事業要遠些，事情要近些，願謀細微者，方可成大器。這是選擇與行動的共存。

四、一切聚散，終有盡頭，沒誰能永垂不朽。不必奢望太多，豔羨他人的光環，追逐身外的迷途，勢必遺失自己的高度，丟棄心靈站立的地方。與其在茫然中狂奔，不若停留歇息，沉澱浮躁、過濾誘惑，拷問靈魂的需求，校正精神的方向。不戀海之闊，亦能容其大；不慕山之峻，也可成其雄。功敗繁華外，隱身凡俗中。這是容大與成雄的共存。

五、若不滿意現在，我們要麼改變，要麼閉口不言。喋喋不休是無法解決任何問題的，指桑罵槐難顯你的氣魄。沒個性，那就只能說出一堆廢話；有本事，那就踏出一條路來。孤獨算什麼，權為鋪路的石子；寂寞算什麼，就當攀高的階梯。慢慢地，讓自己的內心強大。一擊即碎的是軀體，浴火不滅的是精神。只要你不倒下，方可扭轉一切。這是軀體與精神的共存。

六、不要等待，真正屬於你的機遇不多，行動永遠比幻想重要；不要抱怨，要直面矛盾和問題，怨天尤人，只能證明你的無能；不要濫交，有三五知己即足矣，別妄想和誰都要成為朋友；不要浮躁，有空去旅行、去讀書，用環境陶冶身心，用知識充實靈魂；不要後悔，只要是你選擇的，就算再艱難、再無奈，也要咬牙走下去。這是機遇與幻想的共存。

七、生活不似想像，總有些意外不期而至，總有些插曲點綴其間。要仔細辯證看待，時間能夠助你攀上巔峰，也會推你跌入低谷，所有的高低起伏，不過是人生優美曲線的一部分，不必處高而得意，居低而失態。要學會獨處，珍惜每一秒命運的留白，於沉默中思索，於迷茫中探尋，讓那些孤寂的時光之燈，照亮下一段旅程。這是意外與預料的共存。

八、別等到物是人非後，才懂得珍惜；莫抱著記憶的殘片，在傷感中懷念。該做的事，不要拖延，錯過今日，簡單亦是奢望；該見的人，切勿隨意，失之交臂，相遇或成永訣。過去那些遙遠、能忘的，儘量塵封，少「負重涉遠」；未來還未至、可想的，適可而止，多腳踏實地；唯當下急迫，歲月匆忙，及時把握，稍不留神，兩頭皆已成空。這是珍惜與懷念的共存。

二〇二一年十一月二十八日，晨讀北京粥友寶世華，早課聯句有云而開懷：「粥道心頭如意釋，兼修善念吉祥緣。」再由國際佛光會所自創之蓮花手印品牌，於佛光山上互道吉祥，到與大師如意緣深，今又拜誦星雲法語，關於負重致遠之重輕、遠近的八個共存對應，正是應驗啟示金言，當下所做的這一切，只為了往後回憶起來，能為現在的自己感到驕傲。

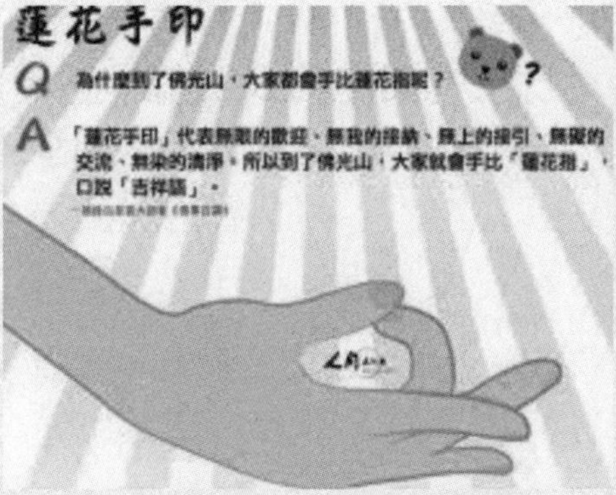
蓮花手印
Q 為什麼到了佛光山，大家都會手比蓮花指呢？
A 「蓮花手印」代表無限的歡迎、無我的接納、無上的接引、無礙的交流、無染的清淨，所以到了佛光山，大家就會手比「蓮花指」，口說「吉祥語」。

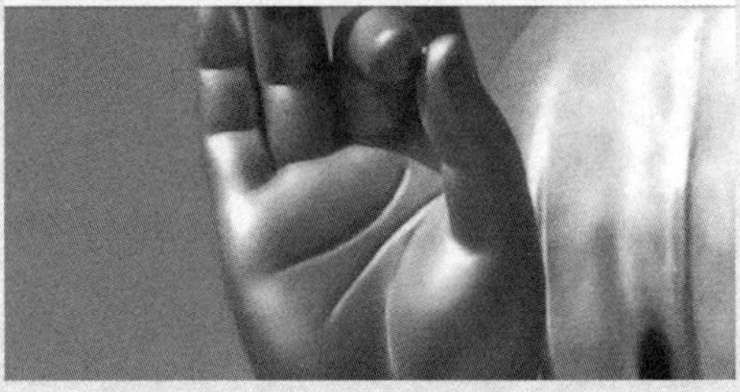

43

敲響世界警鐘敲醒世人懵懂

佛光山上有一口鐘，供人敲響祈求和平，有世界警鐘的涵意，主要在敲醒世人懵懂無知，喚起天下太平良知，很合星雲大師心意。二〇〇七年九月間，蘇州寒山寺送來了這一口仿唐銅鐘，給佛光山寺收藏，大師心有所感，特此賦詩句曰：「兩岸塵緣如夢幻，骨肉至親不往還；蘇州古剎寒山寺，和平鐘聲到台灣。」

去過寒山寺的人，都能見到一對仿唐大銅鐘，取唐朝著名詩僧寒山、拾得二仙典故，命名「和合」，其中一口贈予台灣，如今易名「和平」，適時由佛光山寺於桃園林口體育館，舉行「祈求兩岸和平人民安樂回向法會」，活動一揭幕，數十名各界代表，在台上法師清唱〈叩鐘偈〉聲中，一一叩響這口重達三・五公噸古鐘，攝受人心的渾厚、響亮鐘聲回響在會場，兩萬信眾與上千僧眾，共祈祝禱要求和平心願。

贈鐘儀式由前行政院長唐飛及北京宗教局長葉小文見證，到場貴賓還有桃園縣長朱立倫等，一齊為和平鐘揭幕。在星雲大師帶領會眾祈禱後，完成贈鐘締結儀式。按說寒山寺贈鐘佛山光寺之緣，來自寒山寺前住持性空長老，與星雲早年在大陸，曾同窗參學之情誼。

寒山寺現任住持秋爽法師說，寒山寺與佛光山寺締結兄弟寺，永為同盟，寒山寺贈給佛光山寺的「和平」鐘，「傳達和平、和諧之聲，聲聲不斷！」大師也說：「海峽兩岸隔絕了一世紀之久，造成彼此在生活、內涵上有某些程度的差距，儘管如此，兩岸人民不論在語言、信仰、文化、飲食、習俗上，都帶有血濃於水同根同種的炎黃子孫血脈。」

「既是兄弟一家，就應不分彼此，以和平世界為依歸。寒山寺贈送和平鐘與佛光山締結兄弟寺，是以佛教為緣，融和為本，透過柔性的聯誼化解僵局，以兩岸佛教界攜手同心，搭起兩岸關係的橋樑，增加彼此交流與相互的尊重，促成兩岸和平；佛教主張和平，有凝聚人心的力量，相信以慈悲、愛民才能放下彼此的對立。」

「更相信透過信仰的力量，才能放下彼此的執著。武器，不能解決問題，沙場，也不能一決勝負，戰爭只是互相破壞，增加彼此的仇視，更是消耗國力，帶來人民的苦難，唯有彼此互相往來、相互瞭解，才能彌補兩岸的隔閡，唯有彼此關懷，相互聯誼，才能增進雙方的血緣之情，唯有增加彼此的互信互重，致力於和平建設，才能讓兩岸和平，也唯有和平才能讓人民安樂、經濟成長，達到繁榮興盛。」

「透過贈鐘活動，象徵兩岸佛教界的和合往來，祈以信仰的力量，融和兩岸信徒的心，促進兩岸和平的願望；寒山寺鐘聲已傳至佛光山寺，也因和合鐘的鑄成，寒山寺不再是文人墨客、落第書生抒發心情的體材，更具種族間的融和，宗教的交流，並以和平共生的心念，達到富足安樂的祈願；相信在海峽兩岸佛教界的融和交流之下，能為和平事業作出最大的貢獻，也祈望和平鐘聲，傳達世界人民和平的理念。」

近年來在台灣，陸炳文自感榮幸主持敲和平鐘有八次之多：

一、首屆九二一聯合國世界和平日——二〇一三年敲響世界和平鐘、暨百萬人誦讀弟子規文化系列活動中，敲鐘祈求天下太平，排入大會的流程。

二、二〇一五年十一月十二日，台北國父紀念館中山碑林前，舉辦「點燃新文化聖火、敲響世界和平鐘」儀式，象徵打響名號，前途大放光明。

三、二〇一六年二月二十日，到高雄市大樹佛光山本山，為孫中山誕辰一五〇週年、暨佛光山開山五十週年雙慶，打擊警世洪鐘，響徹雲霄天際。

四、二〇一六年十二月十二號，在台北中山堂光復廳，首屆「世人和睦相處交友節」開幕典禮中，邀請到前總統馬英九，和我一同敲響和平鐘。

五、二〇一六年十二月二十八日，在台北圓山大飯店，「根之情．海峽兩岸傳統文化交流共促和平發展聯誼會」，邀領袖人物齊上台敲鐘共祈福。

六、二〇一七年九月二十九日，於新北市板橋第二運動場媽祖行宮，慶贊媽祖祖廟聖駕首度抵台遶境二〇週年，主辦祈福媽祖大愛敲大鐘活動。

七、二〇一九年二月二十八日，在金門和平紀念園區（林厝砲陣地），敲擊利用大陸送上的兩枚砲彈，鑄成二公尺的和平大鐘，把砲彈聲變鐘聲。

八、二〇二〇年十二月十四日，和諧之旅第二一二回金門行，乃個人自一九六三年以來，累計共赴金浯八十八次，而第八次則是為敲響世界和平鐘祈福而去。

二〇二一年十一月二十八日，重讀葉小文為紀念贈鐘而寫的那首詩：「一彎淺水月同天，兩岸鄉愁夜難眠；莫道佛光千里遠，兄弟和合鐘相連。」同感盼望和平鐘聲，拉近海峽兩岸和諧，舉世和平心願常駐。

同年十二月十四日，陸炳文第十回專謁佛光山，偕內人史瑛再度三叩吉祥鐘：鐘聲一響，祈願萬世家庭平安，闔府家人智慧開朗健康！鐘聲二響，祈願《十方如意》新書，大受歡迎且暢銷永康！鐘聲三響，祈願「六時吉祥」書寫者、星雲大師龍體安康！

世界和平聯
暨敲
指導單位：世界和平聯
华人头条

2017湄洲媽祖巡安新北

44

無我茶會有你粥會近悅遠來

星雲大師在《佛教與茶道》文章中提到：「禪與茶道相通之處，在於它的『單純』與『清寂』；若在喝茶中，體會『無我』、『無味』，這就與禪的至高境界相通了。」二〇二一年四月十四日，人間社從美國舊金山報導稱：佛光山三寶寺，為了幫助社區大眾體會這份「茶禪一味」的意境，今年的春季班社教課，開設無我茶會課程。

授課的林老師在一九九三年，取得陸羽茶藝中心泡茶師資格，並參與許多茶藝活動，二〇〇二年成立美國茶文化學會；二〇〇五年受邀參加武夷山國際無我茶會，為國際無我茶會美國代表；二〇一九年受邀參加安溪國際無我茶會，受聘為國際無我茶會推廣委員。

這一堂「無我茶會」課程，如同大師提及的「泡茶之心」，建構出「彼此談心論道，交換意見，豈不快哉」的溫馨園地。不僅美西奉行這種形態的茶道雅集，更早在二〇一五年五月十一日，佛光山台北道場，也舉辦「青青子衿．無我茶會」，由台北人間大學茶道研習班的同學，擺設茶席，邀請茶友共同品茗，展現學習成果與茶道精神。

無我茶會形式獨特，是人人泡茶、人人奉茶、人人品茶，人人都為他人服務，為無報償之心；抽籤決定座位，為無尊卑之心。以歡喜心品嚐每位茶師泡的茶，不皺眉，為無好惡之心。認真泡好自己帶來的茶，為精進之心。留意周圍茶師，自行調整節奏靜默行茶，為培養合群心態。對無人茶席依然施禮奉茶，為光明磊落的精神。

在清耳悅心的琴音、沁人心脾的茶香中，無我茶會圓滿落幕，賓主盡興皆大歡喜；參與這樣無我茶會，除了精進茶藝之外，最能結識許多茶友，與同好們歡喜結緣，互期無我茶會推出。陸炳文對無我茶會如此熟悉，其來有自。佛光山歷史上的今天——九月十九日，有兩條事關本人：

其一，一九九二年：陸羽茶藝中心與佛光山合辦「無我茶會」，在佛光山成佛大道舉行。其二，二〇〇〇年：佛光山南天寺舉行「大家如意特展」，由星雲大師與澳洲臥龍崗市長喬治哈里森、展覽發行人行政院第七組陸炳文組長揭幕。

後者就不用多加說明，而前者則必須略加補充：無我茶會初期，係以「中華國際無我茶會推廣委員會」名義推動，由我和有「台茶之父」稱號的台大農學院教授吳振鐸、天仁茗茶董事長李瑞河、陸羽茶藝中心總經理蔡榮章等領銜發起，一九九四年八月七日正式成立「中華國際無我茶會推廣協會」，吳教授首任理事長，其他均為常務理事，大展宏圖會務日隆，一時之間蔚為風潮，配套茶具還很時髦。

無我茶會組建前，由陸炳文出面，以「茶藝飄香」為題，在中央日報副刊，發表長文推介。我的〈茶〉文中，不但援引唐代茶學家，被譽為茶仙，尊為茶聖，祀為茶神，著有世界第一部茶葉專書《茶經》，而聞名於世的陸羽經典句，還介紹了本會五大宗旨，在於發揚茶道精神，促進國際茶文化交流，推動茶業發展，增進家庭倫理關係，促進社會和諧美好。順帶提到時興之，無我茶會新形式：

茶友攜帶簡便茶具、自備茶葉與熱水，席地圍成一圈，人人泡茶、人人奉茶、人人喝茶。如果約定每人共泡四道，每道四杯，其中第一、三道奉給左鄰三位茶友及自己，第二、四道以紙杯奉給圍觀之觀眾。在依約做完，並喝完最後一道茶時，聆聽一段音樂或靜坐，收拾茶具，結束茶會。

自此以降，首次的無我茶會，在台北兩廳院間的中正紀念堂廣場，盛大隆重舉行，中日韓無我茶會，也於三地輪流舉辦，甚至推展至大陸，流風餘韻傳至各地，禪茶一味普遍受到歡迎，合群美德成了習慣，國際茶文化交流也逐漸形成了氣候。

與此同一時期，陸炳文由禪茶一味，想到禪粥一味，開始在台北推動，另起爐灶熬粥，實施了別開生面，心中只有你的、無我有你粥會，簡稱有你粥會，融合成禪茶粥一味，再簡化為禪粥一味，試行期間，反應良好，互助德行，廣受敬重，號召力強，近悅遠來。

至於推行之形式，有你粥會規則十分簡單，粥友有興趣與會，什麼都不必攜帶，到達約集地點，同桌共鍋吃粥時，每位只要看到哪位粥碗見乾，便主動起身，幫人家添粥；同樣的情形，自己吃到碗快見底了，也是由他人代為盛粥，雅聚桌上粥友，彼此關注，互相關心，用意互助，合作飽食稀飯，此謂「有你粥會」。

如此這般，相互為用，而與「無我茶會」，異曲同工之妙：茶聚席上，各人帶上自己的小茶具套裝，各自泡上自帶的好茶，泡好之後，逐一奉茶，敬大家品嚐，自己卻沒份，但沒關係，因為茶友都如此，所以均有茶可喝。「無我茶會」和「有你粥會」，先合流於台北，再傳衍到福建，其間有段過程並不為人所知。

二〇〇一年在台灣，〈我的心裡只有你沒有他〉一曲，被黃小琥唱紅，由陳蝶衣作詞，給了陸炳文靈感，「我的心中，只有你，沒有我」，有此養分，育成雅集，即在無我茶會之外，另闢溝通訓練蹊徑，也就出現有你粥會，向台北以外求發展，首先當然想到泉州。

又設想文人雅集，不論啜粥或飲茶，皆需製造點氣氛，佐以歌聲很必要，〈粥會會歌〉現成的，亦即精神導師〈吳稚暉紀念歌〉，作曲者粥會名賢李中和，曲調悠揚，適合配粥，問題不大，習以為常，已在台北傳唱至今四十四載。

另悉〈無我會歌〉作曲者，也是李中和教授，真是無巧不成曲，歌詞內容大意在：「從無的空中孵出，淡淡地，淡淡地，又回歸於無，歸於無。無我茶會的大車，和平的一杯茶，從無我的心中呈現，千萬人的最愛，無我茶會。」

有聲有色，唯今之計，獨缺茶掛、粥掛增色，旋即有勞粥賢郎靜山，書寫下一對大字：「有你粥會，無我茶會」，並在二〇〇四年，福建泉州華光攝影學院建成郎靜山紀念館時，捐贈郎館永久典藏，冀望這八個字能勾畫出一幅無我茶會之合群，加上有你粥會之互助，粥會茶會共存之一味，近悅遠來共存之融合，和諧共進禪茶粥一味相通之景象，成就星雲大師禪的至高境界長卷。

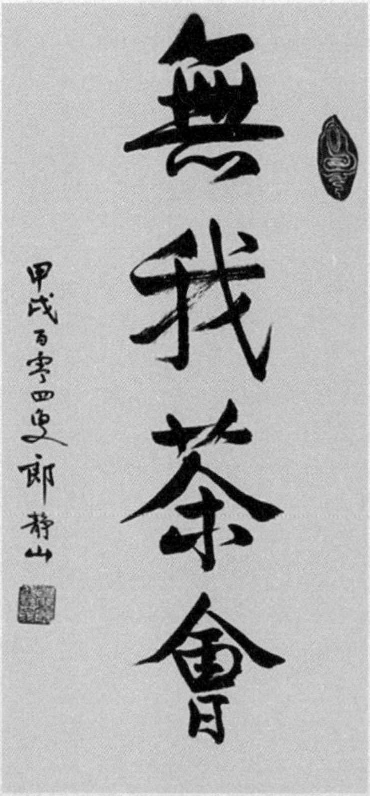
無我茶會
甲戌百零四叟郎靜山
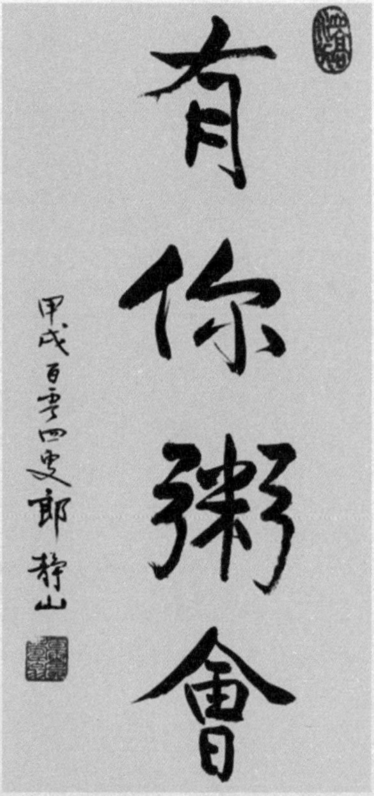
有你粥會
甲戌百零四叟郎靜山

45 兩岸合寫金身合璧佛光普照

一尊釋迦牟尼佛像，已有一五〇〇年歷史，原屬大陸河北幽居寺舊物，佛首於一九九六年遭盜，輾轉流落海外十八年後，有幸來到台灣星雲大師手中，大師基於「文物是人類共同遺產」的理念，決定物歸原主、無償捐回大陸。星雲不會藏私，大氣寫下壯舉：「金身合璧兩岸情，佛光普照一家親。」對聯十四字，以記其盛。

高雄佛光山就在大師授意下，打算向大陸捐獻北齊漢白玉、釋迦牟尼佛佛首，暫置北京的佛身，二〇一五年五月五日，也就準備好運來台灣，進行「身首合一」工程。報上大幅報導指出：星雲大師將捐出北齊漢白玉釋迦牟尼佛佛首，與之相應的佛身，目前收藏於大陸河北博物院，將於月底來台「合體」，為兩岸宗教文物的合作，再添一樁分久必共存的千古佳話。

但在文物界傳為美談的背後，有許多不為人知的祕辛。原來在二〇一四年初，有信徒將此佛首捐給佛光山。星雲得知這尊佛首名貴，是興建於北齊天保七年（西元五五六年）的釋迦牟尼佛佛首，為河北省幽居寺塔供奉的三尊佛像之一，一九九六年被盜。於是聯繫大陸國家文物局，希望能將佛首「物歸原主」。

該文物局旋於最快時間內來台，在佛光山舉辦「河北省佛教文物展」之後，讓佛身與佛首「合體」再帶回大陸共存。「河北省佛教文物展」則會攜來七十七件佛教文物展出。佛光山在兩岸珍貴文物的交流上，向來不遺餘力，著名之一即是二〇〇二年，恭迎來自陝西法門寺的釋迦牟尼佛指舍利，世間僅存罕見的佛陀真身舍利，由大陸跨海來台供奉巡安，充分顯示了兩岸同胞之愛，可謂因緣殊勝，功德無量大事。

身首分離近二十載的這尊佛像，在台灣佛光山藏經樓合體後，先辦理「河北幽居寺塔石佛暨佛塔寶藏藝術展」，並於二〇一六年二月二十一日，舉辦過「河北幽居寺塔佛像回歸儀式」，由兩岸宗教文化界人士共同的見證之下，踏上返鄉之路。佛像已於二〇一五年五月，運佛身來台與佛首合體，在佛光山供民眾瞻仰了二七五天。大陸中華文物交流協會副會長劉曙光，以「兩岸廣為傳播的佳話」，肯定佛光山無條件下，讓佛首回歸原處「義舉」。

當天人間社記者，在高雄大樹報導：佛首要回歸了！多麼令人期待。「今朝一別，相隔西東，何時能再相逢？兩岸佛緣，千里道同，但願時能相逢」。佛像身首分離這樣久，終在佛光山金身合璧，又於〈恭送佛首歌〉悠揚旋律中，從藏經樓出發，踏上返家之路，把台灣民眾的友善、分享與祝福，帶回對岸去共存。

星雲大師捐贈北齊佛首造像回歸啟程典禮，是日在佛光山藏經樓隆重舉行，近三千位兩岸人士齊聚主殿，恭送身首合一的佛陀聖像回歸故里，見證佛陀的慈悲與智慧。星雲大師則強調，欣見佛像金身合璧，然而法身虛空，非利刃所能切割；正如兩岸擁有共同的中華文化臍帶，非外力所能分隔，也祈願佛陀庇佑，讓兩岸早日一家親。

原本保存於河北博物院的佛身，二〇一五年五月二十三日來台與佛首合體，兩岸合力寫下「金身合璧、佛光普照」的文物保存美談。身首合一的佛像，先後供奉在佛光山、大雄寶殿和藏經樓，供民眾瞻仰。踏出返鄉的第一步後，二〇一六年三月一日將在北京國家博物館交接，隨後回歸河北博物館展出。

陸炳文攜眷因緣殊勝，同年（二〇一六）二月二十日，得以專程南下參觀，事後充分感受獻供、誦讀〈為社會大眾祈願文〉、唱誦〈佛寶讚〉等莊嚴儀式，上前頂禮膜拜後，直言仍深受感動，並再向兩岸促成佛首回歸者，深深一鞠躬致敬。

適逢中國農曆春節假期，是國人回家省親的佳節，佛首在元宵前夕啟程返鄉，希望龍天護佑，讓佛首回家之路平安順利。特別感謝星雲大師玉成美事，彰顯兩岸合力促成文物回歸的重要。「三通未通，佛教先通」，誠如星雲指出：

「金身合璧、佛首回歸」盛事，可媲美二十年前的「佛指舍利來台」，當年法門寺佛指舍利專機來台。斯時，萬人跪地迎接，三十一天內有五百萬人朝聖，在那一刻，沒有人在乎省籍、族群，因為大家同是中國人、佛教徒、一家人，可見倡導友愛、和平、文化的佛教，可以跨越政治高牆。

大師表示，佛教不只是宗教，更是構成中華文化的重要元素。文化具普世價值，幽居寺佛陀聖像在眾緣和合下身首合璧、回歸故里，象徵「兩岸有緣」，雖有海峽阻隔，共同的中華文化血脈卻是外力所無法斬斷。星雲祈願佛陀庇佑，兩岸「同中存異，異中求同」，致力擴大相同、縮小差異，「早日一家親」。

遠見／天下文化事業群、創辦人高希均曾說，遭盜二十年的幽居寺佛首，能失而復得、回歸故里，是人類佛教史、文明史、兩岸交流史的重要里程碑，也見證佛光山所倡導的人間佛教，對中華文化的全力支持。他同時期許，這尊莊嚴慈悲的佛像返回大陸，也能捎去台灣民眾的分享心意與虔誠祝福。

國際佛光會中華總會榮譽總會長吳伯雄也稱，「身首合體」與「回歸啟程」均躬逢其盛。對幽居寺佛首從大陸到海外、輾轉來台再回歸大陸，代表佛教理念的傳播，也展現星雲大師的捨得與慈悲，希望兩岸手攜手、心連心，共同分享佛陀的慈悲與智慧。

「九十高齡的大師，腦袋越來越靈活，人坐在輪椅上，弘法的腳步卻越來越快。」吳榮譽總會長讚嘆，大師生命力異常旺盛，已為人間佛教的弘傳，做了最關鍵的貢獻。陸炳文一度痛心佛像身首分離，又萬分感動莫名，欣見金身合璧，且將「完璧歸趙」般，回歸佛像的河北老家。

在大雄寶殿堂前，仰望高達四十七公分、重達八十公斤的佛首，與暫時安奉於此的佛像金身靜待合璧。在此一法相莊嚴佛像兩側，懸掛星雲親筆書寫的對聯：「金身合璧兩岸情，佛光普照一家親。」佛首與佛身在當時共存一處，並沒有直接「黏」合在一起。

最終的修復完善工作，留待回大陸後再進行。二〇一六年春暖花開時，佛像已安然無恙，按時順利運抵北京，假座國家博物館圓滿，舉行回歸儀式，並作短期展出，然後入藏了河北省博物院，並完成後續佛首與佛身合體、及裂縫修補等之修復。

陸炳文今記起，星雲大師還說，佛像金身合璧，對兩岸和合的意義，不言而喻。「悲傷的是，百年來，中華文化遭受許多的破壞、盜取。無數祖先留下來的文化寶貴資產，流浪在外面的拍賣市場，任人喊價獲利。慶幸的是，這尊佛首，能夠身首合一。」此話一直深刻在腦海，如晨鐘暮鼓發人深省。

佛光普照
首造像回

46

封媽祖婆稱觀世音是人非神

星雲大師封過蔡英文為媽祖婆，後來又曾稱洪秀柱做個觀世音，五年之前引起社會輿論的訾議，而台灣當時正值總統大選期間，紛紛擾擾又吵吵嚷嚷沒完沒了，如今事過境遷，平心靜氣來想想，實則天下本無事，庸人自擾之，純粹是節外生枝、在自找麻煩，而多此一舉。

比方有如，菩提本無樹，明鏡亦非台，本來無一物，何處惹塵埃？何來這麼多是非？今天之所以要如此舊事再重提，無非提醒國人同胞，星雲是人，大師並不是神；說的只是人話，不是神話，客套話，場面上話，聽聽就好，不要當真，可別錯怪，人話神話，反而要怪，傳媒傳言，鬼話連篇。

先還原事情真相，再說二〇一六年九月十二日，南台灣政治世家「余家班」在高雄橋頭余家老宅，為之前一年去世的余陳月瑛女士，舉行逝世週年紀念策展活動，出席活動的包括民進黨總統參選人蔡英文、高雄市長陳菊、民進黨前主席許信良等人，與余家交情深厚的星雲法師，也乘坐輪椅到場，致辭中，星雲脫口而出一句話，比喻蔡英文是「媽祖婆」。

「余陳月瑛已經變成媽祖婆，但台灣的媽祖婆不只一個，高雄市長陳菊也是，而明年一定可以當選總統的蔡英文，更是我們的媽祖婆……，台灣的媽祖婆這麼多，媽祖一定會保護台灣！」大師的全文，不可斷章取義，有不同政治立場的人，既分別截取有利自己的部分，又做截然不同的解讀，依照陸炳文看法，其實話的重點在：眾媽祖保佑台灣。

藍綠口角過了九天，媒體以〈昔封小英媽祖婆星雲今稱洪秀柱為觀世音〉為題報導：星雲法師二十一日下午，舉行新書發表會，邀國民黨總統參選人洪秀柱出席。星雲今天稱洪秀柱為救苦救難的觀世音，並強調「媽祖婆是觀世音的弟子」。由於日前星雲曾稱，蔡英文為「媽祖婆」，此舉也被認為是星雲表態，支持洪秀柱。

星雲法師當天在佛光山台北道場，舉行自己執筆的《星雲智慧》新書發表會上，乘著輪椅與洪秀柱一同進場，現場擠進近千名支持者與信徒，場面十分熱鬧。星雲讓洪秀柱坐在他身旁大位，新聞稿裡也將洪前來請益有關領導的智慧，禮數做足，洗清挺蔡的意味濃厚。甚至表白：「我當了七十一年的國民黨員，不會再做其他的。」

大師表示，十五歲起拜觀世音，觀世音給了很大的智慧，洪秀柱閉關出來，說當觀世音，救苦救難，這句話很偉大；在台灣，人人可選舉，觀音媽祖都可以選舉，更直指隔壁洪秀柱說：「她是洪秀柱，她就是觀世音。」大師此話就充滿了智慧，一如自己口中、《星雲智慧》書中，都強調人要有智慧，特別是「領導的智慧」很有必要。

眾神佛之成神佛，想必皆很有智慧；媽祖當然是這樣，觀世音亦復如此。媽祖乃台灣十分重要的信仰，且其源遠流長，從宋朝開始就不斷得到官方冊封名號，終於傳衍至今的天后地位。但媽祖一名是怎麼來的？從「觀音媽」一詞而來？答案均在《媽祖文化源流考》書裡。

該書作者吳老擇，曾請教印順法師，認為觀音於浙江以南，乃至福建、廣東之農村，初稱觀音，謂觀音佛祖。觀音信仰即傳遍了各地農村，成為保護家家戶戶的佛祖。佛祖於庶民的口語，並不十分順口，而改稱為觀音媽。而後觀音信仰，更為普遍，就覺得稱觀音媽，不甚尊敬。

從佛祖的祖加上去，就稱為觀音媽祖……。迨傳說媽祖是觀音的化身，普遍流傳，遂即一化為二，就成為觀音媽和媽祖婆了。台灣農村，家家戶戶都掛觀音、和媽祖的聖像，是由此而來的。

關於觀音救苦救難的形象，與護佑漁民出海平安的媽祖相似，又同為女性形象，加上媽祖俗信傳揚時，與眾多中國道教神祇一樣，不斷吸收佛教的成分，最終使媽祖神像走入佛教廟宇，乃至與觀音配祀，台北龍山寺正是如此。也傳說林默娘年幼時即能誦《觀音經》，不斷強調媽祖與觀音的關係，從而媽祖成為觀音的化身，也就不足為奇了。

媽祖與觀音共存，是祭祀隆盛的神祇，因此產生許多「靈驗記」，而在眾多傳說中，兩者的神性有諸多重疊。有學者認為，媽祖多重的化身，以及其隨禱隨應的慈悲心，其基本原型，大致上類同民間的觀音信仰。星雲大師拜觀音拜佛，自承只是一個平凡的出家人，不喜歡被神話。

星雲大師嘗和陸炳文的共同好友、作家柏楊言及：「佛陀悟道後的第一句話：大地眾生皆有佛性，就是宣誓眾生平等的思想。」柏老生前在花園新城家中，也對我說過一段真心話：「大師對佛教的貢獻，意義深遠，對於佛教的制度化、現代化、人間化、世界化的發展，居功厥偉。他所弘揚實踐的人間佛教，儼然是佛教的代名詞，不但走入人間，而且走入人心。星雲是人，他不是神。」

大師針對眾神、眾生更坦言：「佛不是神，是人。」這不是人間神話，地道入心的人話，星雲才講：「我覺得神，沒有創造人，是人創造神，這是一個很重要的看法。那麼，神是什麼呢？神，其實就是自己心裡要它，它才存在的。佛，也不是神，佛是人，你一定要信仰自己的心，所以要健全自己。」由此可見，封媽祖婆，或稱觀世音，皆指人非神，均不必當真，別大驚小怪，還裝神弄鬼。

金顶十方普贤菩萨
峨眉山佛教协会 赠

臺灣的
媽祖宮與觀音寺

47 有情有義道義之交廣結善緣

「有的人認為出家人就應該居於深山斗室，不管人間的因緣，斷除人間的情義，也就是說成為無情無義的人。但這只是小乘之見，我的見解不同，我認為出家人不是絕情斷義，而是去開發清淨的情義，發展有情有義的生命，並助天下的情義圓滿。要過有情有義的生活，靠的是廣結善緣，使眾生都能在佛法中充滿歡喜與慰藉。」

星雲人間佛教序文選，大師於《有情有義》自序中有言：「要完成有情有義的生命，靠的是願力恢宏，抱著為教粉身碎骨，也在所不惜的決心，與眾生攜手，同遊法海。有情有義是美好的，不是醜陋的，有情有義的人才能感受諸佛菩薩的用心良苦，讚歎或流淚，希望自己也能生生世世，來娑婆世界度化眾生。」

陸炳文早已拜讀過，並感悟到有情有義者，才有道義之交情，再據以廣結善緣，才能夠情義圓滿！有情有義是超凡的，不是世故的；有情有義的人，才能感受眾生的悲哀苦楚，發起慈心悲願，希望自己也能分擔眾生的苦難。

大師還說：有情有義的思想，是感恩的思想，能「滴水之恩，湧泉以報」。有情有義的心靈，是無我的心靈，能「無緣大慈，同體大悲」。有情有義的世界，是博愛的世界，能「上報四重恩，下濟三塗苦」。有情有義的生命，乃是充滿感動的生命，能「一花一世界，一葉一如來」，也能「青青翠竹，皆是法身，鬱鬱黃花，無非妙地」。

感恩以致感動，天地之間何處，不是情義盎然？只要反觀自照，能從消極的推尋外覓，到積極的躬身實踐；從被動的接納、企求，到主動的付出給予，必有所得所獲。大師回眸多年前：「我每至花蓮弘法時，蒙縣長吳國棟均列席聽講，表示支持，心中銘感無比，後來耳聞其治縣理念，對於他的正直無私，更加留下深刻的印象。」

星雲有一天忽見報載，他因涉嫌圖利他人而撤職查辦，星雲的心裡一直為他叫屈：身為地方父母官不圖利他人，難道還要圖利自己嗎？後來，聽說他的父親往生的消息，星雲立刻決定作「不請之友」，前往靈堂拈香致意，並即席說法以慰生者；四維高中校長黃英吉、得知誇曰：「真是一位有情有義的人啊！」星雲僅自知有情有義，只是人應有的操守！

大師回想前半生：「我能廣結善緣，與無數的眾生結緣，除了因緣與願力不可思議，我也期許自己做個『有情有義』的和尚，願情義的種子遍灑人間。我深信，人間的情義如果圓滿，人人都是有情有義，人間自然成為淨土，天下自然太平，還有什麼比『情義圓滿』、『人間淨土』、『天下太平』更殊勝的法緣呢？」

「有情有義，我為人人，人人對我，彼此相互。那年我到菲律賓講經，吳伯雄的父親過世，即刻趕回台灣參加告別式。這點點小事另他感動，後來對大家說：我是一個『有情有義』的人，每聽到這話，都感到慚愧。四十多年來，姑且不論吳老先生父子兩人對佛教的擁護支持，即以當年免受誣入獄，大大恩情而言，能有捨報之時，是我所義不容辭的。」

大師寫這本書，名為《有情有義》。情義法門，感應道交；有情有義，人間至寶。有情有義，實在是星雲前半生弘法利生的寫照，願用「有情有義」來與弟子互勉，並與眾生分享。就以那年十月間，發生意外事端為例，星雲在台北國際會議廳主持「般若與人生」講座，那時正是台灣怪力亂神事件熾盛，邪魔外道擾人最甚的期間。

大師直覺，有些學校不明就裡，一竿子打翻整條船，甚至拒絕宗教教育進入校園。而一些原本傾向佛教的官員也噤若寒蟬，沒想到吳伯雄卻以國民黨中央黨部祕書長的身分，專程從遠地趕到會場致辭，表示護持正法的決心，星雲深深覺得：其實，吳伯雄才是一個真正有情有義的人。陸炳文則公平講，吳祕書長和星雲，俱為有情有義者。

當年印光大師在世，被問到修行次第時，如此解說：「誠意、正心、修身、齊家、治國、平天下，南無阿彌陀佛，往生西方極樂世界。」「誠意」就是「有情」，「正心」就是「有義」，因此一個無情無義的人，想要修法成就，好像祈求一條沒有水的河流奔入大海，是不可能的！無情無義者，不可交朋友，因為利害關係之交，就等著看斷交絕交。

情形恰相反，有情有義者，朋友可深交，基於道義關係之交，廣結善緣好友更多。星雲眾多至友中，有一位孫張清揚，孫立人將軍夫人，早年台灣迫害佛僧階段，「營救過我，以一個在家信徒身分，護持佛教不遺餘力，對佛事業全力以赴，對佛光山也貢獻多，尤其尊敬僧寶，對年輕的出家人都禮敬有加。」大師從來視之為有情有義的代表。

一九九二年七月，孫夫人以八十歲之齡，逝世在台北永和的佛堂裡，星雲特別前往主持告別式，並且為她題寫輓聯：「八十年歲月心中有佛，千萬人入道爾乃因緣。」若說有情有義，我謂彼此彼此，星雲這大半輩子，遇到過事例無數，《有情有義》乙書有言：其一，中國文化大學（最早稱為「華崗學院」）的創辦人張其昀，讀過大師作《釋迦牟尼佛傳》，後來因這分法緣互動頻繁，是一個「有情有義」的文教有道之士。

其二，年高八十的陳慈輝老太太，是我四十年前在宜蘭的老信徒，後來舉家遷至台北，又護持台北道場，其他像金枝姑、鄭銀姑等長期關注佛光山，他們都是一群「有情有義」的信徒。其三，張姚宏影、潘孝銳、許槵鄞、陳順章、游次郎、陳劍城、沈尤成、賴義明、陳潮派等居士大德，有的為聖教興隆捐資出力，有的為護法衛僧奔走忙碌，有的積極推動佛教文教事業，有的來往海內海外弘揚法義，他們「一師一道」自許，都是一群「有情有義」的菩薩行者。

由於佛子們的「有情有義」，所以早年星雲在宜蘭落腳之後，即隨緣於羅東、頭城、龍岩、虎尾等地，設立並主持念佛會，並且馬不停蹄地奔走台北、高雄之間講經布教，十年後，大師又在全省各地創建道場，席不暇暖地到處弘揚佛法，度化群生，舉不勝舉，凡此看到，「有情有義」的光芒閃爍不已，「有情有義」的聲名遠播不止。

大師如今已擁有千餘位入室弟子，分散世界各地，或住持一方，或接引信眾，或開辦教育，或到處說法，或養老育幼，或編輯寫作……，渠等在各種時空裡，展現有情有義人生，這應是星雲此生最感欣慰的事情。陸炳文同感，這個世間上有情有義者，無時不在，無處不有，我們矢志，互期有情有義，發憤精進，期能回報恩德。

總而言之，何謂有情有義？星雲明講：「是一種往復循環，互相交流的感情，十法界一切有情，莫不具備這種性能。」我曾經親眼看過雪梨海邊，一隻瘦弱的海鷗，因大師的特別關注，臨走前來往飛行，圍繞三匝，好像在對著致意感謝；連身處三途的傍生畜類，都能如此「有情有義」，更何況千萬年來，以互助為進步之基的人類社會呢？

△时常与企业界大老张忠谋等

马英九在台北市政府接待陆炳文喻为“传奇人物”。(1-48)

48 弘法利生因緣願力不可思議

真的是不可思議，拜讀過星雲大師大量著作之後，讀其書如讀其人，幾乎每個讀者都會讚歎，星雲法語「因緣是不可思議的，願力也是不可思議的」，言之有物成理，大師弘法利生，更是不可思議的，均為其平生因緣和願力所形成的，幾十年來做過多少功德，在全球造就過多少功業。

人們常說，天下沒有白吃的午餐；我們卻要說，星雲大師為佛光山、為人間佛教弘揚光大、為天下蒼生眾利所付出，並沒有白費心思與氣力，所以一旦因緣成熟、因緣俱足，自然瓜熟蒂落，很快瓜瓞綿綿。誠如大師自謂：「我一生的心願，正像是佛光山的闢建，不是個人，有過人之能，而是因緣，加上願力，所成就的。」

星雲在〈願助天下情義圓滿〉一文，針對當年的佛光山一度封山的前因後果，這樣自述心路歷程：「經過這麼多年的苦心籌劃，佛光山確實已成為台灣民眾生活的一部分，每有年節法會總是人山人海，水洩不通，曾帶給無數的人法喜和安慰，也成為佛教在台灣重要叢林。」

「因此，佛光山要封山，不要說弟子和信徒感到不捨，我也感覺到不捨，但是萬物總有緣生緣滅，佛光山的改變，只是因緣的一種示現，這就像當年我從佛光山退位，更早之前，到海外普設道場，還有更早之前創建佛光山，都只是因緣成熟、因緣俱足的示現。」

大師記性很好，尚且都記得住，剛開始要闢建佛光山的時候，許多信徒看到滿山的野草刺竹，交通又那麼不便，不禁大失所望，幾乎每一個都說：「像這種地方，誰願意再來呢？」星雲不為所動，率領出家弟子，同心協力，移山填溝，歷經艱難，終於把人人都不願去的荒山野嶺，開闢成道場。

日前，陸炳文開車到宜蘭訪勝，專謁佛光山蘭陽別院，參觀樓上一座為了紀念星雲早歲有緣至宜蘭弘法利生六十週年，而特別設立的「甲子紀念堂」，室內陳列出開闢道場所用過的簡易工具，所戴過的簡單斗笠，以最原始生活度日，最克難方法墾荒，仰仗的不外因緣，憑藉的無非願力。

皇天不負苦心人，人在做，天都在看，有志一同努力，因緣加上願力，眾志成城奏功，歷經數十年緣重生，「當初說不願意再來的信徒，已經上山不止百次，佛光山也從一片荒林，不但成為台灣的觀光聖地，也成為國際佛教的重鎮。因緣是不可思議的，願力也是不可思議的。」

其實，大師心有所感，其來有自久矣！星雲回想年少，「我本是揚州鄉下的平凡孩子，自幼在偶然的因緣下出家，可以說十二歲，已經定了終生。本來我的個性內向，只想一心一意做一個本分的平凡和尚，但因為弘法利生的願力，我勉力而為，為教撰文，為眾說法。」

星雲承認初抵此地時，幾乎每天都在為大眾開示。「許多人以為我是天生弘法的人才，那裡想到開始的時候，一站上台就發抖的窘況？這就是因緣和願力，所形成的善果善報。」陸炳文十一月二十九日傍晚寫作到此處，有緣接到國民黨中央常務委員江碩平師兄電話，為至今仍為本黨中央評議委員會主席團主席的大師，轉達本山對出版新書頗感欣慰。

這又叫我想起星雲某一天在佛光山上，欣然接見陸炳文，並當著慈容師父的面，開示篳路藍縷、以啟山林之初：「剛來台灣的時候，台灣的佛教還一片荒蕪，我到寺院請求掛單，總是被拒絕，甚至連食宿都沒有著落。好不容易在寺院安頓下來，我早起晚睡，做種種粗活，並且隨喜助人，做一些佛教的工作。有人興學，我幫忙教書，有人辦雜誌，我協助編務，有人講經，我幫忙招募信眾，有人建寺院，我助其化緣⋯⋯。由於歡喜助人，與信眾接觸的時間更多，結了無數的善緣，加上弘法利生的願力，在後面推動，才能成就許多佛教的事業，這也是因緣加願力所形成的。因緣的成就，不在別處，是在人間！願力的成就，也不在別處，是在人間！」

陸炳文正因平凡，身在不平凡人間，特別有感於因緣觸及願力的浩瀚，到無邊無際田地、應運而生廣大人間佛教，再接觸到叢林佛光山，進而因緣際會，不期而遇星雲，自然而然體會大師弘法利生，給過我的啟發，因緣以及願力，皆屬不可思議！

教育的智慧
云大师・许嘉璐先生对话
北京师范大学
二〇一五年十一月

15 11 '02
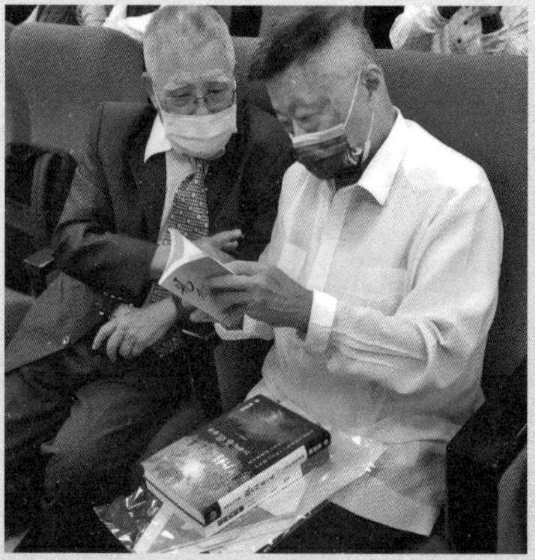

49 佛光山種大樹成全地球隊長

「十年樹木，百年樹人。古今中外，對人才的培植，莫不同等重視。戰國時候齊國孟嘗君好養賢士，食客數千人，就是以培植之道來造就人才。但是何為『培植之道』呢？首需懂門道，植樹要培其根。」星雲大師〈修行之道培植之道〉文中，特別強調這點，特加說明如下：

樹高千丈不離根，如果根部腐爛了，養分無法吸收，就不可能有花繁葉茂的果，所以澆灌樹木的枝葉，不如從根部好好培植，不可因其隱於地下而忽視；只要根不壞，荒地也能開花。植物的「根」，好比佛教常講的「因」果；在世間上，一切都是由根本發展出來的，所以做人要「立定腳根」，解決問題要「探究根本」，生命也要「追溯本源」。有根，才能開花結果；無根，就如浮萍，難以安身立命。

另有〈樹的根〉一文，星雲引無相禪師的話，講到樹與根間關係道：「有如一棵樹，眾生好比是樹的根，菩薩就像樹的花，佛便是樹的果。要想一棵樹開花結果，就必須努力灌溉樹的根，並且愛護它，照顧它。否則，根部一受到損害，樹就要枯萎了，又怎能開花結果呢？」

「十年樹木，百年樹人」。後者常指教育、培植人才而言，也要重視札根，從根本上做起。二〇二〇年六月二十四日，專攻教育出身、佛光山叢林學院前教師陸炳文，前往宜蘭佛光大學拜會行政院老同事、台灣師大工教系學長楊朝祥校長，之後參觀校園，便為那一棵由行政院老長官蕭萬長在佛大所種下十年的樹澆水、培根，期待育良材成好料。

原來二〇一一年二月二十三日，時任副總統的蕭萬長，在星雲大師、楊校長等陪同下，就是我澆水的位置、亦即佛大滴水坊前坡地，種下了台灣原生種杜英及台灣五葉松。佛光山種樹一向不遺餘力，最近一次更呼籲世人，人人都成為地球隊長。二〇二一年四月二十二日，根據人間社記者，在高雄大樹報導：今天是「世界地球日」，國際佛光會在佛光山的森林復育園區舉辦植樹活動，計畫為台灣種下二十萬棵樹。

消息指出：佛光山鼓勵全球人民，都成為「地球隊長」，在世界各地共同進行林地復育，朝向聯合國「零碳排」目標而努力。全球大約有十九億公頃土地（大約北美洲面積），處於退化林地狀態，這些土地如果可再利用，恢復成森林樣貌，氣候問題將可獲得有效緩解。

為此，佛光山與國際佛光會發起「T-Earth植樹行動」，號召台灣百家企業種樹育林，並於「世界地球日」舉辦植樹活動，透過計畫鼓勵全人類成為地球隊長（Captain Earth）；而國際佛光會中華總會，也將發起成立綠色公益組織，以實際行動保護地球。

二十二日出席T-Earth植樹行動的貴賓，包括佛光山住持心保和尚、國際佛光會署理會長慈容法師、佛光山常務副住持慧傳法師、國際佛光會祕書長覺培法師、高雄市政府祕書長楊明州、高雄長庚紀念醫院名譽院長陳肇隆、國立屏東大學校長古源光、綠色公益基金會董事長慧開法師等三百餘人。

心保和尚致詞表示，樹木對人類的生活非常重要，近幾年來由於溫室效應、全球暖化，造成世界氣候兩極化，不是乾旱，就是水災，對人類生存環境造成威脅，感謝大家發心為保護地球，讓下一代有更好的生存環境。國際佛光會與佛光山共同發起的T-Earth植樹活動，意義深遠，佛光山在大師的願力下，遍及五大洲，在全球五大洲道場與佛光會共同響應下，希望延緩地球暖化，讓我們享有美麗、翠綠的生活環境。

這次在佛光山種下一千六百棵樹，預計年內陸續完成四千五百棵，其中七〇%台灣原生山茶樹、另三〇%適合該林地的環境樹種。與會者感謝佛光山提供一百公頃土地種樹植林，今後將分不同階段，為台灣種下二十萬棵樹，開放一百家企業認養，共同致力林地復育，帶動台灣生態保育，希望森林的固碳量、水土資源保護等，符合聯合國永續發展目標。

談到樹種，言及佛教，很自然又想到星雲大師和唐朝惠能大師的詩偈：「菩提本無樹，明鏡亦非台；本來無一物，何處惹塵埃？」星雲曾經有過這樣一則趣談：有一座寺廟，大殿正中原本供奉著觀音菩薩，旁邊則供奉媽祖。廟祝認為媽祖才是台灣普遍的信仰，就把媽祖請到中央，觀音供在一旁。某天來了位出家人，覺得這違背佛門倫常，因為媽祖是觀音的弟子，怎麼可以居於正中主位，而讓觀音在一旁呢？

於是逕自調動兩尊聖像的次序。第二天廟祝看到了，又將媽祖像搬到中間。二個人就這樣搬來挪去，使得原本雕刻精緻的聖像都移壞了。最後，觀音和媽祖終於忍不住抗議：「我們原本關係和諧，就因他們不懂得空有不二的道理，弄得我們坐立不安，連衣服也弄壞了！」可見很多時候，本來沒有事情，卻往往多此一舉，因而庸人自擾之；但種大樹之時，想成就大事業，樹人樹木共存，你我成地球隊長，乃修行培植之道。

佛光山全球5大洲道場與佛光會共同響應，大家一同種樹

50

一日不作一日不食無非是禪

「唐朝百丈懷海禪師，又號百丈禪師，承繼開創叢林的馬祖道一禪師以後，立下一套叢林規矩《百丈清規》，倡導一日不作、一日不食的農禪生活，每日領眾修行外，也執勞役，勤苦工作，自食其力，極其認真。對於平常的瑣碎事務，尤不肯假手他人。即使年紀老了，仍天天隨眾上山擔柴，下田種地，因為農禪生活，就是自耕自食的生活。」

二〇〇一年春節期間，美國洛杉磯西來寺展出如意，由佛光山和陸炳文結緣合辦，星雲大師大駕光臨展場，親以〈自食其力，自得其樂〉為題，開示大家：「我們要學百丈禪師，七老八十還隨眾出坡（勞動服務），照樣幹些粗重的活，自說自話道：我無德勞人，人生在世，若不親自勞動，豈不成廢人？口頭禪：既然沒有工作，哪裡能吃飯？」

這種勞動服務的精神，成為叢林千古的楷模！有人以為參禪，不但要摒絕塵緣，甚至連工也不必做，只要打坐就可以。其實不工作，離開了生活，哪裡還有禪呢？為了拯救禪者的時病，不但服膺一日不作、一日不食的生活，甚至還喊出「搬柴運水無非是禪」的口號。星雲廿十載之前的話，牢記在心，心領神會一日禪心，尚且引領一段法緣。

這段法緣，大師回憶：我一九四九年，剛來台灣，曾在基隆逗留片刻，路過一間寺院，從窗口朝裡面看，一位尼師也正望著我。當時我很年輕，臉皮很薄，不敢擅自進入，於是匆匆離開。後來才知道，尼師是人稱女中大丈夫的修慧老法師，那間寺院是基隆有名的極樂寺，她也才當上基隆佛教會的理事長。

某日，修慧法師到普門寺來找我，在會談中表示，三十年前就想請我前往弘法，一直到今日才有緣與我見面，有感於佛光山所做的一切，都是「人間佛教」事業，與她的心意相符，想將極樂寺捐獻給佛光山。因此法緣殊勝，極樂寺成了佛光山的分院，她也發願做了佛光人。大師記得當年八十高齡的修慧法師，將極樂寺交給佛光山的時候，說道：「我等這一天，已經等了三十年，今天我的志業，終於有了安頓！」星雲亦自稱：「我，也讓她考驗了三十年。」以上文字，摘自星雲大師著作《星雲文集——我的人間佛教性格》及〈一段法緣——修慧老法師的回憶〉、〈修慧法師與極樂寺〉自序文輯。

各引一則說明：第一則小標為〈覺世流布接我初機大師提倡佛法人間〉文中說：「台灣光復初期，國家百事待興，人民窮困，台灣佛教亦十分沉寂。那時，我們想起一本佛教的經典或書籍，還是非常困難。一直到民國四十年後，大陸籍的高僧陸續來到台灣，不斷四處講經弘法，台灣佛教才慢慢恢復生機。」

「記得我接到的第一份佛教刊物，就是宜蘭雷音寺出版的法音——〈覺世旬刊〉。當時，收到這份法音流布，有如獲得人間至寶，內心是十分歡喜與珍惜，往後極樂寺都會定期收到〈覺世旬刊〉，也因為如此，使我對星雲大師的、人間佛教有了初淺的認識。」

「有一天，本寺護法居士寶鳳師姐，送我許多佛教文化服務處出版的各種經傳，其中包括星雲大師的許多著作。這些法寶，事理充實，讀起來極容易領會其意，幫助我對於佛法的事理，更明瞭透澈。加強我的信心與毅力，貢獻我畢生的精力護教為眾。」

「如此不覺轉眼間，有十餘載的時光，我雖未曾拜見過星雲大師的慈顏，但每閱大師的經典著作，等於與大師晤面是無異的。我最佩服大師之處，就是他實現人間佛教的理想與推展佛教教育，培育佛教僧才，及佛教文化的推廣。大師的弟子人才輩出，個個能挑能擔，能說能寫，能文能武。」

「近來佛教在台灣，能如此興盛，大師的貢獻首居第一。我接管極樂寺之後，致力寺院經營管理，與信徒廣結善緣。慨嘆書讀的不多，能力有限。對於人才的培育，及佛教文化推廣，沒有太多貢獻，一直沒有培育出好的徒眾，可以繼承衣缽，未來將託負何人，常陷入沉思之中。」

接下來一則小標為〈與大師相遇如遇知音願佛光山接管極樂寺〉，文曰：「民國六十七年，我接到消息，佛光山星雲大師將要蒞臨基隆市文化中心，陞座演講。是晚，我帶領信眾前往聆聽大師開示。我仔細觀察整個活動，講台的布置十分井然有序，光彩奪目；四眾弟子的教化，令人讚嘆。大師開示，條理分明，淺顯易懂又不失幽默。我聚精會神聆聽，內心充滿歡喜與感動，信心油然而生，如故友遇知音之感。」

「因緣結在民國七十三年四月，極樂寺成為佛光山派下分院，從此結合了文化藝術、社教、弘法與共修，轉型為傳統與現代化結合的多功能道場。建築外觀來看，大雄寶殿巍峨莊嚴，佛祖像與殿內壁畫結合為一，使人心境吉祥和諧。入口處右側有石觀音像，山門有笑口常開的彌勒佛像，迎客前來合十參拜，共同來護持極樂寺，來耕耘福慧的聖田。」

話說回頭，修慧法師才藝雙全，既精於法器唱念，又長於香積典座，對園藝也有心得。尤其嚴守「一日不作，一日不食」的百丈叢林清規，是老法師堅持的信念。整個道場內外，均其一人擔當，卻花木扶疏，見綠蔭蔽天。樂以自己信願力，成就了古色古香、優雅清淨的紅塵古剎。十二月四日週末例假，陸炳文偕同家人，專謁極樂寺，感心更感動。

眾所周知，佛光山是大乘佛教教團，為星雲大師於一九六七年五月十六日創辦，現已成為台灣佛教四大名山之一，其他則有法鼓山、中台禪寺、和慈濟功德會；我何其有佛緣，在上世紀最後三年，追隨行政院前院長、蕭萬長前副總統，走遍諸聖山訪勝禮佛。其間在一九九九年，到訪過舊有農禪寺，在聖嚴法師鼓勵下，首次學習初階打坐，甚而歡喜參加禪七，均無機緣參透禪意。

豈料二十二年後，造訪極樂寺，才開了竅，覺悟了道，始知人間佛教容易引導參禪，不是有、亦非無；而是沒有界限，只有放鬆與覺知，歸諸於覺世法門。陸炳文回看自己，自一九六一年開始，每天作文二千字以上，一甲子從未中輟，日行一善，從善如流，惡不勞而獲，喜自食其力，同工於《百丈清規》、「一日不作，一日不食」，無非就是禪之功。

大雄寶殿

走過從前
Walking from the Past
修慧法師與極樂寺
Venerable Xiu Hui and Ji Le Temple

佛光山極樂寺
Fo Guang Shan Ji Le Temple
由於極樂寺交通方便，法緣殊勝，頗受教界及地方人士的重視，當年修慧法師獻寺於星雲大師的消息傳開時，受到許多阻撓，他卻絲毫不爲所動，力排衆議。1984年4月，極樂寺成爲佛光山的分院，由依恆法師擔任首任住持。翌年10月14日，星雲大師親自主持動土典禮，開啓了極樂寺另一段艱辛漫長的「開山」工作。工程期間，弘法利生的工作，未曾間斷過。
▲ 1984年極樂寺破土典禮

51 本山上元燈普照三千界佛光

高雄佛光山每年春節，例行舉辦平安燈法會、上燈法會，結合傳統燈會的特色，與宗教祈福的美意，期許每個人的心裡，都能點亮一盞慈悲、智慧之燈；這項始自一九八〇年迄今，從未間斷的民俗信仰盛會，有許許多多善男信女，歲歲年年攜家帶眷，歡歡喜喜前來佛光山禮佛，點燈祈福、消災還願，祈求新的一年，能有好運到來、闔家吉祥平安！

佛教叢書二六書信類一三四篇、〈開示信徒點燈功德的一封信〉，星雲大師在某次法會上，就點燈的功德開示，給信眾們知道原委：佛就好比光一樣，因為佛可以溫暖我們、成熟我們，佛光可以普照我們！法就如水一樣，有了法，可以解除智慧的飢渴，可以懺悔、洗淨我們的罪業，可以生長信心的功德。所以說佛光普照、法水長流。借著普照三千界的佛光，星雲說明了點燈的意義。

佛陀住世之時，有一駝驃比丘，為知客師，非常發心服務。不管客人來得多麼晚，都是很熱心，很敬重的打著燈籠送客人去寮房，數十年如一日，幾十年下來，他不需要再點燈照路，手指自然放光，以手指的光，即可帶客人去寮房。此即點燈的無邊功德。

中國古老社會，恐怕人黑暗，夜路施燈；恐怕人飢渴，半路施茶。因施水、點燈，均是功德的緣故。在《法苑珠林》中，提到點燈八種利益：一、美貌相好。二、信心增上。三、道德、戒律增上。四、眷屬和合、美滿增上。五、辯才增上。六、修行增上。七、出生人間，可生富貴家；生天，可增品增位。八、看清目標，照亮前途，果證菩提。

發心護燈、添油、挑燈心，如此點燈，利己利人，可以使前途光明，使自己心燈點亮，一切吉祥順利，所求能夠滿願。大師早於四十一年前首創寺院在新春舉辦「春節平安燈法會」，為佛教界弘法之創新，張燈結綵，營造歡樂祥和的過年氣氛；點平安燈，邀請信眾上山，點出家庭的平安吉祥、事業順利，也點燃自心的智慧慈悲、光明歡喜。

二〇〇二年新年，淨化心靈賞燈祈福，並以「天馬行空動態花燈展」為主題，突破靜態花燈觀賞，首創世界第一：實體尺寸高架單軌動態花燈展，是次農曆年間，陸炳文很榮幸初次受邀回山，恭逢其盛賞燈；因此聯想起之前，二〇〇〇千禧年時，為了撫平九二一地震傷痛、及填補台北的台灣燈會區間的燈光空隙，而專門增設許願如意燈區，形成首度「北公辦、南私辦」燈展盛況，所謂「私辦」，不就是佛光山平安燈會。

我的記憶猶新，作為迎接農曆年節慶活動，於燈會會場四周街道，懸掛各式紙雕燈及傳統燈，備好許願祈福卡，供民眾來書寫，並懸掛於許願祈福燈下，為下個世紀的台灣消災祈福。收到如意卡片數以萬計，於燈會後集中送往，交廟宇焚燒祈福！自此以降，燈會幾乎都會設置祈福許願燈區，營造出燈海的景象，祈求台灣民眾的平安與幸福。

當年台灣燈會，且在我建議下，破天荒把燈區擴大到行政院區，也把時間延長，提前至一九九九年十二月二十五日，配合行政院遷台五十週年日啟動。據當時新聞報導：「行政院院長蕭萬長與行政院副院長劉兆玄，於行政院大禮堂，出席耶誕送暖、點燈、許心願晚會。首先由復興技校學生們熱情演出，其表演內容為各式雜耍、頭頂水杯、腳踩高蹺、磚頭、扯鈴、平衡呼拉圈、拋空火把等，博得在場嘉賓滿堂喝采。」

「蕭院長一一向表演人員握手致意，隨後發表致詞，表示祝福大家耶誕快樂，擁有新的夢想，並度過愉快的一天；隨後進行獻唱平安夜與祈禱、魔術表演等活動。蕭萬長贈與孩子們禮物，同時合影。而後蕭院長伉儷，於行政院外廣場，同小朋友獻唱耶誕曲目，還強調行政院願意與民眾一同，參與這項有意義活動並交流，之後與小朋友一同掛上祈福小卡。」至今事過情遷二十二年，我一想起來，仍不免快慰！

按台灣有大型燈會，係從一九九〇年起，於每年元宵節，舉行之傳統燈藝節慶活動，由交通部觀光局主辦，原為僅在台北市中正紀念堂周邊、及仁愛路到台北市政府間舉辦「台北燈會」；自二〇〇三年起，始改名台灣燈會，並移師全國各縣市舉辦，成為全國性的國家級活動。至於原本的台北燈會，則改回台北市政府自行舉辦，並易名台北燈節。經此，台灣燈會和台北燈節共存一陣子。

大師曾在《星雲日記》（一九九〇年二月十日總本山）說：「燈是佛門供養之一，為光明、智慧、成熟的表徵，點一盞燈則有去黑暗、許心願、結眾緣、植善根、得平安……等功德。故本山於春節間辦一年一度的平安燈法會，由信眾發心供養大大小小約百萬盞的平安燈，加上由全省各別分院精心製作的花燈，將全山點綴成名副其實的『佛光山』。」

兩千年來中國的朝代更替，這項民俗仍舊照例舉行，花燈的樣式更富變化，製作更加精緻，規模也更大，連現代的聲光科技也應用其上，唯各個地方或又增添不同的節俗，以求新一年的平安、吉祥、如意。

平安燈又名福田燈，點燃一盞平安燈，即是種下一畝福田。平安燈寓意平安吉祥、萬事如意，含有照破黑暗、布施光明的崇高意義，藉佛光之普照，使人間充滿溫馨、幸福、光明與和諧。新年走春，來佛光山既可點平安燈、又可賞燈，在暖融融的一片燈海中，與家人一起祈願家庭和順、社會和諧、世界和平，感受燈海無涯、心願無盡的幸福與法樂。

佛光山例從大年初一，即燃點平安燈，並以長達一個月時間，每天晚上舉行上燈法會，所謂「本山上元燈，普照三千界佛光」。陸炳文三十年來上山九次，其中三次到本山點燈，替社會祈和諧、求融合，為家人祈光明，求平安；如今擇吉，又在十二月六日攜眷南下，是第十次出張，拜謁佛光山，拜見諸師父，專為《十方如意》，出書而去請益。十謁吉祥佛光山，十方如意大圓滿！

耕耘心田

恭祝

52 佛光山和人間佛教連貫一生

如果星雲大師那麼推崇說，自由是貫穿太虛大師（一九一二～一九四九）一生、政治和宗教活動的主題，其對自由的論說，具有鮮明個人特點，在當代宗教人文思想史上獨樹一幟，是中國近百年來，佛教界具有最多自由關懷的高僧。

那麼我們也可以這樣稱讚，民主是貫穿星雲大師一生、政治和宗教活動的主題，而佛光山和人間佛教宏願，則連貫其一生弘法的主題志業。星雲民主思想的先進，乃至民主程序的成熟，完全應用在佛光山治理和人間佛教推行制度上，不但領先於台灣四大聖山，而且獨步於全球宗教團體，如此世界級佛教領袖的風範，可預見的未來似乎是無人能及，更別說並駕齊驅甚至會超越。

星雲可以不干涉政治，但是從未自外於國事。

《人間佛教論文集》上冊中，星雲以為：現代是一個倡導民主、自由、平等的時代。佛教的皈依三寶，就是皈依人人和佛陀共有的佛性，這就是民主的精神；受持五戒，就是對人尊重，不任意侵犯，這就是自由的意義；眾生生權的提倡，是因為諸佛與眾生一如，一切眾生都能成佛，這就是平等的主張。從理想理論，到實踐實施，大師力主即知即行，說到做到民主自由。問題是教團雖為小型社會，卻不同於自由民主大環境，如何在傳統社會的佛教管理制度中，開掘出適應公民社會的開放性制度，是當下當務之急。

星雲開創性建立了佛光山僧團管理制度，讓我們看到了佛光山在協調傳統與現代管理制度中，非同小可的卓越嘗試，成功帶頭做到民主、自由、平等的新生典型，自己更以身作則，率先把佛光山住持交棒給年輕人，一棒接一棒，達成民主共治、自由共用、平等共有理念，殊為難能可貴，如此的好榜樣、好典範在台灣，值得大家學習。

陸炳文有三十年的佛光山緣，跟星雲大師結下如意緣，不知不覺中已邁入第二十五個年頭，耳濡目染到本山所作所為，耳提面命於大師身教言教，見識僧團具體管理方法，見證僧人實際經驗分享，讓我確信這一套優良制度，人間佛教管理變革新範本，具有高強度的可操作性，足以讓我們實質看到了，七十年開山闢建人間淨土全面貌。

尤其因緣際會之下，真實看到了宗教戒律，不是約束人，而是解放人、親近人的人間佛教體現，看到了星雲及佛光山僧團之於人、之於社會的真切悲心與人文關懷，看到了大師民主修養，是貫穿其一生、政治和宗教活動的主題，佛光山和人間佛教宏願，則連貫其一生弘法的主題志業，這對宗教民主建設與實踐，箇中意義是顯然易見的善緣。

特別是最近一次回佛光山，十二月十三、四日的廿五小時，密集巡禮東西山十個景區，接觸到慈容法師、依空法師、如常法師以下廿餘位出家眾和志工，充分瞭解到本山及佛陀紀念館，乃至世界各地道場與佛光會分會，共存共榮、民主治理、事權歸一、集體創作、分工合作、實際運作的具體作為，益加體察出佛光山和人間佛教，經開山宗長星雲七十年調教下，不僅連貫九五高齡大師大半生，尚且貫穿整個佛光山全球布局！陸炳文最後結語才敢強調：這是迎來佛曆二五六五年、歲次壬寅公元二〇二二年，符合星雲大師期待的新年度，「處事無畏，和平共存」八字箴言，而邁入從未之有的跨越宗教盛世！

就在全書定稿前，陸炳文出席《台灣通史》出版百年紀念會，祝賀作者連橫的曾孫女、連震東文教基金會執行長連惠心，引用星雲大師的話：「連戰先生，以其祖父連橫之著作《台灣通史》，作為傳家之寶。」我則加碼說，連橫之大作，亦傳國之寶。大師早歲《當代問題座談記實》書中，有一段關於「傳家寶」的簡要問答，就講到《台灣通史》及其作者連雅堂。

記者問：「過去社會上有名望的家庭，幾乎都有『傳家之寶』，例如有人以如意傳家，有人以寶劍傳家，有人以字畫傳家，有人以書香傳家。請問星雲大師，最好的傳家之寶是什麼？」大師答：「國家有傳國之寶，過去的帝王以玉璽作傳承，現在的總統以印鑑來交接。至於一般家庭或家族的傳家之寶，有實物，也有精神象徵。例如《台灣通史》就是。」謹錄星雲大師法語，以殿本書《十方如意》。

自跋

奇蹟重現　奇妙信物　奇異恩典　奇特經驗

這本書《十方如意：星雲大師十方行誼與我卅載佛光緣》脫稿後，作者陸炳文先後聯絡上，佛光山兩位宗務委員，慈容法師和依空法師，準備好偕同修史瑛，攜新書樣本一道南下，第十回專程朝山謁佛、謝恩、巡禮。就在臨行前一天的十二月十二日，發生了一件稀奇的事情，翌日（十三）到了高雄本山，又再奇遇神妙莫測之事，天下事無巧不成雙成書。

其中一件奇事，是雙十二當天、太平島光復七十五週年紀念日，我竟福至心靈，重光星雲大師樂贈佛珠，原來到手廿四載，失去蹤影十二年，完全消失我眼前，幾乎忘記祂存在，卻具有不可磨滅的記憶，以及不可替代性的意義，突然靈光乍見如意齋內，鑲嵌青花瓷漆器首飾盒，五尋珍寶就靜靜地出現，否則真是無顏見大師、及幾位知情者。

另外一件巧事，為在佛光山傳燈樓，喜從容師父手中受贈，星雲大師親筆法書「六時吉祥」，當作新書《十方如意》祝福的話：「十方如意，六時吉祥」，數字六對上十，時間對上空間，而且吉祥如意，本來就是一個常用詞，用來祝福。如同，無心插柳柳成陰，如今，無心作聯聯成對；如此，天作之合，巧工詞句，堪稱絕無僅有，將成我傳家寶！

這麼兩件無價之寶，星雲手環菩提佛珠，適時重見天日，大師手筆祝福題詞，及時受領付梓，誠為陸著新書，出版前好兆頭。奇蹟的重現，奇妙的信物，奇異的恩典，奇特的經驗，不敢獨享自得其樂，尤其不能暗地藏私，特此公諸十方居士大德，分享這份難能可貴的喜悅！同時作為共迎新年的賀禮。

人與土地38

十方如意：星雲大師十方行誼與我卅載佛光緣

作　者—陸炳文
照片提供—陸炳文
封面題字—吳伯雄
封面照片提供—唐健風
責任編輯—陳萱宇
校　對—林秋芬
主　編—謝翠鈺
企劃主任—賴彥綾
封面設計—陳文德
美術編輯—菩薩蠻數位文化有限公司

董事長—趙政岷
出版者—時報文化出版企業股份有限公司
108019台北市和平西路三段二四〇號七樓
發行專線—（〇二）二三〇六六八四二
讀者服務專線—〇八〇〇二三一七〇五
（〇二）二三〇四七一〇三
讀者服務傳真—（〇二）二三〇四六八五八
郵撥—一九三四四七二四時報文化出版公司
信箱—一〇八九九　台北華江橋郵局第九九信箱

時報悅讀網—http://www.readingtimes.com.tw
法律顧問—理律法律事務所　陳長文律師、李念祖律師
印刷—勁達印刷有限公司
初版一刷—二〇二二年一月十四日
定價—新台幣三八〇元
缺頁或破損的書，請寄回更換

時報文化出版公司成立於一九七五年，
並於一九九九年股票上櫃公開發行，於二〇〇八年脫離中時集團非屬旺中，
以「尊重智慧與創意的文化事業」為信念。

十方如意：星雲大師十方行誼與我卅載佛光緣/陸炳文著. -- 初版. -- 台北市：時報文化出版企業股份有限公司, 2022.01
面；　公分. -- (人與土地；38)
ISBN 978-957-13-9819-8 (平裝)

1.釋星雲 2.佛教 3.佛教事業

220.6　　110020792

ISBN 978-957-13-9819-8
Printed in Taiwan